減災と復興

明治村が語る関東大震災

Masayuki Takemura 武村雅之＝著

風媒社

はじめに

筆者は四半世紀の間、関東大震災の研究に取り組んできた地震学者である。今から6年あまり前、生まれて初めて愛知・名古屋の地で生活するようになった。暮らしはじめてすぐのこと。意外な事実を知った。名古屋市千種区の日泰寺《にったいじ》に大正12（1923）年の関東大震災の供養堂と慰霊碑があるというのである。なぜ、被害がほとんど出ていない名古屋市に慰霊施設があるのだろうか。

調査の結果、日泰寺の創建の経緯も含めて、名古屋の人々の優しさと度量の広さを示すものだということがわかってきた。ほぼ同じ頃、実はこの地方の文化的意識の高さを示す施設があることを知った。名古屋から私鉄で約30分の愛知県犬山市にある博物館明治村である。妻が自宅のある東京から私の単身赴任先の名古屋市を訪れた際に二人で行ったのが始まりであった。

村内で見覚えのある橋を見つけたのである。その名は「新大橋」。関東大震災で火災のために多くの犠牲者を出した隅田川に架かる五大橋のうち、唯一火災を免れ、1万人あまりの人々の命を救ったとされる橋である。人呼んで「人助け橋」、新大橋は昭和52（1977）年に新しい橋に架け替えられ、現在の橋の主塔に旧橋のレリーフがある。「人助け橋」の姿を偲ぶにはそれ以外ないと思っていた筆者にとって、橋の実物が存在すること自体、夢のような出来事であった。ややもすると経済効率が優先されがちな東京ではなしえない文化事業が、愛知・名古屋にはあるようだ。この地の人々の文化的意識の高さを肌で感じた瞬間であった。

それがきっかけとなって村民登録をし、明治村を隈なく歩いてこの目で確かめた結果、村内の建造物のうちの三分の一以上が関東大震災をくぐり抜けていたことがわかった。同時に、それらの建造物に震災体験を語らせたいという思いが募り周辺の資料を調べた。

筆者が名古屋生活で知った、人々の優しさ、度量の広さ、文化的意識の高さをぜひ、今を生きる愛知・名古屋の人々はもちろん、東海地方の人々、さらには全国の人々にも伝えたい。そんな思いを胸に本書を著した。わが国の歴史上最大の被害を出した自然災害に対する日本人の対応を知るとともに、本書を通じて地震に対する向き合い方を考えていただければ幸いである。

なお、本書ではできるだけ多くの方に親しんでもらうために、文献中の文章を引用する場合は、カタカナ書きの場合はひらがな書きに、旧かな使いを新かな使いに、旧漢字は新漢字に改めた。ただし人名は旧漢字のままとした。また読みにくい漢字にはルビを振った。一方、住所表示については関東大震災当時のものを尊重し、併せてできるだけ現在の住所表示も併記した。

本書をまとめるにあたり、博物館明治村・館長の中川武氏、同・課長の石川新太郎氏、同・主任学芸員の中野裕子氏には、博物館明治村に関する資料の提供やご意見をいただいた。また、名古屋大学減災連携研究センター准教授の山崎雅人氏には経済被害に関し、同センターの清水美帆氏には善光寺の慰霊碑に関し、資料を紹介していただいた。本書の上梓については、著者が所属する名古屋大学減災連携研究センター中部電力寄附研究部門に負うところが大きい。また、編集にあたっては風媒社編集部の林桂吾氏に大変お世話になった。関係各位に心よりお礼申し上げる。

著者

平成30（2018）年　盛夏

減災と復興——明治村が語る関東大震災◉目次

第1章

被害の大きさ

（1）3年半分の国家予算相当

苦手な予測

関東大震災について、東大地震学教室の助教授であった今村明恒は震災を予測していた人としてよく取り上げられる。震災が起こる約20年前に、当時の東京における火災対策の貧弱さを指摘し、大地震が発生したら火災が起こり、東京は丸焼けとなって10万人の死者を出すと雑誌で警鐘を鳴らしていた。(1) この記事によって起こった地震騒動を治めようと東京に近々大地震が発生する恐れはないと否定した教授の大森房吉も、同じように地震時の東京における大火災を危惧していた一人であった。

地震の発生を東京大手町の中央気象台（現在の気象庁）で体験し、のちに台長となる藤原咲《さく》平《へい》は、地震発生時を振り返って次のように述べている。(2)

「大火災も既《すで》に予言されてある。大森博士の地震学の本にも今村博士の本にもあった様に思うが、東京に大地震があれば水道管が破壊するであろう、其《そ》の結果大火事になる所があると警告してあった。……併《しか》し白状するが此《この》時にも気象台が焼けるとは考えなんだ……自分は始めまさかと思うて居って其の為《ため》に困難に陥り大切な物も燃やして仕舞った。あんな時に落付いて居って火災に関する警告をいち早く発したならば多少の効果はあったかも知れぬと思うた。要するに知識なんてものは有った所で活用せなければ役に立たない」

図１　火災による雲がわきあがる中に立つ中央気象台の建物と時計塔［文献(3)］

図１は火災による雲がわきあがる中に立つ中央気象台の建物と時計塔である。(3) 時計は地震発生時刻で止まっている。

一方、地球物理学者で随筆家として有名な寺田寅彦は東京上野の二科展の会場で地震に遭遇した。東京府（都）美術館が建設される前で、現在の東京国立博物館の正門前に広がる大噴水のあたりにあった竹之台陳列館（当時は東京帝室博物館の一部）である。(4)「震災日記より」として、本震と引き続く余震の揺れの様子や会場での混乱の様子、さらには会場から外に出て見た被害の様子などが克明に綴られている。(5) その中で以下のような記載がある。

「無事な日の続いているうちに突然に起った著しい変化を、充分にリアライズするには存外手数が掛かる。この日は二科会を見てから日本橋辺《あたり》へ出て、昼飯を食うつもりで出掛けたのであったが、あの地震を体験し下谷《したや》の方から吹上げて来る土埃《つちぼこ》りの臭を嗅《か》いで大火を予想し、東照宮の石燈籠のあの象棋倒《しょうぎ》しを眼前に見ても、それでもまだ昼飯のプログラムは帳消しにならずそのままになっていた。しかし弁天社務所の倒潰を見たとき、初めてこれはいけないと思った、そうして始めて家の事が少し気懸りになって来た」

地震が起こった後でも、自分の置かれている状況を実感し、これから起こるであろうことを予測するのは、人間にとって相当苦手なことのようである。地震の専門家である藤原や寺田でもそうであった。ましてや一般人にとってはもっと難しい課題といわざるを得ない。地震が発生した9月1日は院展と二科展の招待日で、寺田と同じく、会場で地震を体験し、その時のありさまを「天災日記」として書き残しているのが、鹿島組（現在の大手ゼネコン鹿島）の副社長であった鹿島龍蔵《たつぞう》である。(4)

「西郷の銅像の前へ出て東京中を見渡す。十二階は其の八階辺より上を失いしも依然として立って居る。広小路より其の先を一望したが平時と何の変った事もなく、美しき東京（？）の市街は其の儘《まま》立って居た。但し日本橋、京橋、神田方向に当って二三ケ所の失火の煙が細々と登る《ママ》。山下方面に当って自動車ポンプのうなり声を立てゝ走るを聞く。東京中に可《か》なり数多くあるポンプが一度に活動を始めた事故《ゆえ》に、火事は左迄《さまで》大事にはなるまじと思った」

寺田寅彦や鹿島龍蔵がいた上野公園は火災を免れたが、隣接する上野駅周辺が焼失するのは、地震発生から1日半もたった9月2日の夜になってからのことである。(6)

湧かない実感

寺田寅彦と鹿島龍蔵《たつぞう》は、そのあとすぐに気がかりになった自宅へ戻った。自宅はそれぞれ本郷区駒込曙町《あけぼのちょう》（現在の文京区本駒込）と北豊島郡滝野川町（豊島区田端）で、いずれも郊外の台地上に位置し、被害は軽微であった。2人がただ事ではないと感じはじめたのは、おそらく知人・友人が次々にもたらす火災の情報と、何より自宅から望むただならぬ火災の煙であった。

寺田寅彦はその様子を以下のように記載している。(5)

「縁側から見ると南の空に珍しい積雲《せきうん》が盛り上がっている。それは普通の積雲とは全くちがって、先年桜島大噴火の際の噴雲を写真で見るのと同じように、典型的のいわゆるコーリフラワー状のものであった。よほど盛んな火災のために生じたものと直感された。この雲の上には、実に東京ではめったに見られない紺青《こんじょう》の秋の空が澄み切って、じりじり暑い残暑の日光が無風の庭の葉鶏頭《はげいとう》に輝いているのであった」

一方、鹿島龍蔵は以下のように記している。

「午後の時間は只《ただ》不安の中に刻々過て行く。其《そ》れでも未だ〳〵何となく見物気分なり。南の空に真白なる雲の峯高く半空に聳《そび》え出す。皆見て美しいと云《い》う。平さん写真に探る。天災に際して空に現れた、一個不思議な現象だと思って見て居る。……丁度火山の噴火に際して、天空高く立騰《たちのぼ》る白煙と同じ物なり」

二人とも大正3（1914）年の桜島噴火の記憶がよみがえったようであるが、この期におよんでもまだどこか他人事のようで実感が湧かない状況が続いていたかに見える。

地震が発生したのは大正12年9月1日の正午ごろ、関東地方は前夜来の風雨もしだいに収まり、朝には所々でにわか雨が残る程度で、午前中には夏の日ざしが雲間からさし始めたところもあった。

「震災日記より」ではその様子が以下のように綴られている。「朝はしけ模様で時々暴雨が襲って来た。非常な強度で降っていると思うと、まるで断ち切ったようにぱたりと止む、そうかと思うとまた急に降り出す、実に珍しい断続的な降り方であった」。さらに地震が発生した正午頃、揺れが収まって展覧会会場から外を見て「空はもう半ば晴れていたが、千切《ちぎ》れ千切れの綿雲が嵐の時のように飛んでいた」。ちょうど台風くずれの低気圧が日本海から北海道方面へ抜け、中央気象台の記録によれば、東京では正午頃から夕刻まで風速10m前後の南の風が吹き、その後風向きは西から北西へ変わったが2日の明け方まで風の強い状況が続いた(4)。

このことが、大火災を招いた要因の一つであったが、根本的には、江戸時代から明治にかけての東京における無秩序な木造密集地の形成と、今村や大森が指摘していた消防設備の貧弱さがもたらした大災害であったといえる。火災は結局9月3日の午前10時頃まで続き、東京市15区だけで3834万6000㎡、市域の約44%を焼失、約6万9千人もの死者を出すにいたった(1)(6)。関東大震災の被害は東京市だけに止まらず、東京府の郡部やより揺れが強かった神奈川県

表1　関東大震災の被害額集計［文献(7)より作成］

府県など	被害額（万円）	備考
皇室・宮内省	1225	宮城離宮御用邸・御料林陵墓他・庁舎
各省（10省）	21956	工作物（建物は除く）
東京市	366216	対象 河港、堤防、道路、橋梁、上水道、下水道、船舶、電気事業、建物、家財什器、工場、商品、在庫品、樹木（道路並木および水道源林） 民有林や田畑の被害は含まれていない
東京府郡部	11491	
横浜市	90354	
神奈川県郡部	48131	
静岡県	2832	
山梨県	693	
埼玉県	2465	
千葉県	5233	
茨城県	43	
合計（直接被害）	550639	
株式低落による損害	2338	
失業者数	249910人	うち、東京市：68866人
罹災世帯	694621世帯	1府6県の2284200世帯中、30.4%
罹災人口	3404898人	1府6県の人口11743000人中、29.0%
死者	91344人	
行方不明者	13275人	
重軽傷者	52074人	

や千葉県など1府6県におよんだ。大火災も東京市だけでなく、神奈川県下の横浜市、横須賀市、浦賀町、鎌倉町、厚木町、秦野町《はだのまち》、小田原町、真鶴村、さらには千葉県の舟形町（現在は館山市）などで発生した。神奈川県や千葉県房総、静岡県伊豆の沿岸には大津波が襲い、さらには神奈川県の山間部を中心に土砂崩れが無数に発生した。死者・行方不明者の総数は実に10万5000人を数えるにいたった[1]。

国家存亡の機

表1は、東京市が震災の1年半後にまとめた『震災に因《よ》る日本の損失』[7]と題する報告に掲載された

関東大震災の被害集計結果である。序には震災以来、さまざまな機関が出した被害額について、「未だ信憑《しんぴょう》するに足るべき損害数字の発表を見ざるを遺憾とせり」とあり、対象とする地区を1府6県、調査対象項目を表にあるように河港以下14項目と定め、人畜の死傷、株式の低落による損害、土地価格変動による損害、生産中止による消極的損害、商取引中止による損害など14項目については損害額の計算から除外したことが明確に記されている。除外された項目の中には森林田畑の被害も含まれているが、計算された被害額は概ね今でいう直接被害に対応するものと解釈できる。

結果、被害総額は約55億円にのぼった。そのうち東京市の被害は約37億円で全体の66・5%にあたり、次いで横浜市の約9億円で16・4%になる。また郡部では東京府よりも神奈川県の損害額が4倍以上多く、地方の被害の中心は神奈川県下であったことがわかる。同報告には、参考として株式低落による損害や失業者数、さらには罹災世帯数や人口なども書かれており、それらの数値も表1に列記した。罹災人口は約340万人で1府6県全体の29%が罹災したことがわかる。さらに詳細を見ると、東京市では当時の人口約227万人のうち約170万人(75%)、横浜市では約45万人のうち約41万人(91%)が罹災した。また、当時、国家存亡を賭けた戦としていまだ記憶に新しかった日露戦争の死傷者数約18万人、日本側の戦費約19億8千万円と比較し、関東大震災がいかに大きな自然災害であったかが指摘されている(7)。

表2は、最近の地震災害としてよく取り上げられる平成7(1995)年の阪神・淡路大震

表2　近年の大震災との被害額の比較

項目	関東	阪神・淡路	東日本
損害総額	55 億円	9 兆 6 千億円	16 兆 9 千億円
GDP	150 億円	510 兆円	490 兆円
GDP 比	36.7%	1.9%	3.4%
国家予算	15 億円	71 兆円	92 兆円
予算比	366.7%	13.5%	18.4%

関東大震災時はGDP（国内総生産）でなくGNP（国民総生産）

災と、平成23（2011）年の東日本大震災との比較である。それぞれ、直接被害額が約9兆6千億円と約16兆9千億円と推計されている。[8] これらを名目GDP（国内総生産）の比で示すと、それぞれ1・9%と3・4%となる。これに対して関東大震災の被害額は先に示すように約55億円で、当時の名目GNP（国民総生産）の150億円との比率は実に36・7%、三分の一にも達した。なお、平成7年と平成23年の名目GDPは「世界の経済・統計情報サイト（世界経済のネタ帳）[9]」から、また関東大震災当時の名目GNPは大川一司・他の『国民所得』（長期経済統計：推計と分析1）[10]を元に、ともに概算額を用いた。平成5年以降GNPの概念がなくなったため本稿の議論ではGDPとGNPを同等として扱った。[11]

一方、国家予算（一般会計）との比較でみても、阪神・淡路大震災が13・5%、東日本大震災が18・4%、関東大震災は366・7%となり、関東大震災はまさに国家存亡の機を招いた災害であるといっても過言ではない。なお、予算額については財務省による「明治初年度以降一般会計歳入歳出予算・決算」（統計表一覧）[12]ならびに大里勝馬による『明治以降　本邦主要経済統計』[13]を元に概算額を用いた。

関東大震災による経済被害の大きさとその影響については、松元崇[14]が国家財政上の観点から、時代背景も含めてわかりやすく解説している。それによれば、明治維新以降、苦しい財政状況を何とかしのいできた明治政府がまず直面したのが日露戦争（明治37－38年）であった。日本軍は戦争では勝利したが、一切賠償を得られなかったことから「わが国財政は、膨大な公債残高の償還問題を抱えることとなった」。つまり日露戦争は「財政的には負け戦だった」。

その状況に一息つけたのが「大正の天佑《てんゆう》」といわれた第一次世界大戦（大正3－7年）で、戦争景気によって財政は一時的には改善された。それもつかの間「第一次大戦景気のバブル崩壊後に生まれた膨大な不良債権が、国民総生産の三分の一を失うという関東大震災によって相当部分が無担保となったうえ、拡大再生産され」、わが国は再び「財政的な負け戦状態への転落」を余儀なくされた。(14) その際に支払いができなくなった手形を震災手形と呼ぶ。政府は復興のための大量の公債発行に加え、「9月7日にモラトリアム（支払猶予令）を公布、27日には手形について二カ年の猶予期間をおくとともに1億円の政府保証の下に日銀が再割引きに応ずるとする緊急勅令を公布した。この時の日銀による手形の再割引きは4億3000万円に上ったが、その後、その整理は容易に進捗せず昭和の金融恐慌（昭和2年）の直接の原因となっていく」。

表3　焼失地人口から推定した東京・横浜両市の避難者数
[文献 (7) より推計]

市	9月1日現在		焼失		焼死者数	推定避難者数
	人口	世帯数	人口	世帯数		
東京市	2265300	483000	1411352	300924	65902	1345450
横浜市	446600	98900	282717	62608	24646	258071
(合計)	2711900	581900	1694069	363532	90548	1603521

＊焼失人口推定：焼失世帯×（人口／世帯数）比
＊焼死者数は文献（15）による

(2) あふれる避難民

東京を去る人々

関東大震災では多くの人々が家を失い避難民となった。特に東京市、横浜市では大火災が発生した。焼失地域では残材もなくバラックなどを建てることも困難であり、そこに住んでいた人々は他所へ避難せざるを得なくなる。このことを前提に、避難者の数を推定したのが表3である。具体的には、文献（7）記載の焼失世帯数から震災時の（人口／世帯数）比を乗じて住家を火災で失った人口数を推定し、そこから文献（15）で推定した焼死者数を差し引いて推定避難者数とした。対象者は、東京・横浜両市で約160万人にのぼることがわかる。これらの人々の中には、東京・横浜両市内の他所（空地などを含む）へ避難した人々も含まれている。

次に、東京市や横浜市を離れて避難した人の数を推定してみよう。当時の交通手段は主に鉄道と船舶である。『大正震災志』[16]下巻によれば、鉄道省は、9月3日には罹災者に限らず、震災救護に関わる人々も含めて運賃を無料にし、また船舶についても救護物資を搭載してきた汽船の

図２　鉄道により避難する人々の様子（震災絵葉書から）

帰途に避難民の無賃輸送にあたらせたり、軍艦による輸送を行ったりする措置がとられた。同時に救護事務に関係する者や家族が東京にいる者以外の入京を阻止する措置がとられた。以上の措置は、被災者が地方の親戚・知人を頼って東京市や横浜市を離れることを促進した。図２は避難民が鉄道で地方へ向かう様子である。輸送には貨物列車も使われた。

『大正震災志』下巻の83ページには、９月末までに東京ならびに横浜から地方へ避難していったと思われる退京者の数がまとめられている。それによれば、鉄道によるものは東京からが、88万３６７０人（出入りの差）、船舶では、汽船が東京から７万３１０６人、横浜から4万１８９５人、軍艦が東京から２万１７００人、横浜から７７００人を運び、合計１０２万８０７１人となる。９月中に約１００万人の人々が、東京、横浜両市を離れていったと推定される。

表4　震災地の1府6県における人口調査結果［文献(17)の表1より作成］

府県	9月1日現在人口	死亡不明人口	11月15日		人口増減
			罹災現存	人口	
東京府	4050600	70497	1495926	3634199	-416401
東京市	2265300	68660	1021956	1527277	-738023
郡部	1785300	1837	473970	2106922	321622
神奈川県	1379000	31859	1024071	1242532	-136468
横浜市	442600	23335	254556	311402	-131198
郡部	936400	8524	769515	931130	-5270
千葉県	1347200	1420	194318	1400655	53455
埼玉県	1353800	316	125801	1391098	37298
静岡県	1626300	492	90044	1646614	20314
山梨県	602000	20	34144	611812	9812
茨城県	1399100	15	32320	1428982	29882
(合計)	11758000	104619	2996624	11355892	-402108

避難民の行先

このような中で、政府は全国に散らばった人々を行政上どのように把握するかという課題に直面した。一つの契機となったのは、天皇陛下による御下賜金1000万円（現在の貨幣価値で約500億円）の配布である[17]。全国に散在する罹災者すべてに現金を渡す必要に迫られた政府は、解決策として11月15日を期して全国一斉に国勢調査なみの震災罹災者人口調査を行った。その際、東京市と横浜市については、罹災者だけでなくすべての現在人口を調査することとし、それ以外の震災地府県については府県が必要と認めれば現在人口も調査する。さらに震災地以外の道府県については震災罹災者のみの人口調査とした。その結果、震災地の1府6県では現在人口調査も行われた[17]。

表4に震災地の1府6県の調査結果を示す［文献(17)の表1より作成］。9月1日の推計人口は大正9

表5　震災地以外の府県における人口調査結果［文献(17)の表2より作成］

道府県	9月1日現在人口	11月15日		道府県	9月1日現在人口	11月15日	
		罹災現存	人口			罹災現存	人口
北海道	2716600	9353	2725953	兵庫県	2442600	18793	2461393
青森県	781600	4916	786516	奈良県	572400	1327	573727
岩手県	873100	3214	876314	和歌山県	772000	1361	773361
宮城県	981300	11708	993008	鳥取県	462200	735	462935
秋田県	922600	5843	928443	島根県	707400	1017	708417
山形県	989800	6357	996157	岡山県	1238700	2125	1240825
福島県	1416100	14741	1430841	広島県	1573400	2917	1576317
栃木県	1089500	24783	1114283	山口県	1058000	1900	1059900
群馬県	1096500	18687	1115187	徳島県	678100	836	678936
新潟県	1807000	29809	1836809	香川県	678400	960	679360
富山県	735300	9854	745154	愛媛県	1070700	1696	1072396
石川県	755500	7371	762871	高知県	683400	979	684379
福井県	601600	5051	606651	福岡県	2382800	3672	2386472
長野県	1620200	19744	1639944	佐賀県	674900	1212	676112
岐阜県	1101000	6764	1107764	長崎県	1175400	1477	1176877
愛知県	2185600	23118	2208718	熊本県	1255100	1276	1256376
三重県	1082600	8317	1090917	大分県	871100	1358	872458
滋賀県	655500	4126	659626	宮崎県	688600	543	689143
京都府	1361900	8309	1370209	鹿児島県	1478400	1414	1479814
大阪府	2889700	34095	2923795	沖縄県	596900	1697	598597
				(合計)	46723500	303455	47026955

（1920）年の第1回国勢調査の人口数に人口変動率を掛け合わせて推計したものである。罹災現存数はその府県市で11月15日現在に暮らす震災罹災者の数である。人口増減は震災を挟む9月1日から11月15日に変動した人口数である。表では東京府と神奈川県については、東京市と横浜市ならびにそれぞれの郡部を区別して示した。人口が大幅に減少しているのは、東京市と横浜市である。他は、神奈川県の郡部がわずかに減少しているだけで、東京府の郡部も含め、他県では人口が増加していることがわかる。また、各府県市で死亡ならびに行方不明となっている人数

も同時に示されている。

一方、表5は震災地以外の道府県の結果である［文献（17）の表2より作成］。ここでは罹災現存数のみの調査となっており、罹災現存数を人口増加分として9月1日現在の人口に足し合わせて11月15日現在の人口とした。

表4、表5の人口変動状況から、主に東京市と横浜市から罹災者が東京府の郡部を含む他の道府県へ避難民として移動したことがわかる。その数を推計するために、まず、人口減となった東京市、横浜市と神奈川県の郡部の減少数の和を求めそこから上記3地域の死亡・行方不明者数10万519名を差し引いた。結果は77万3972人となった。これはいわば避難者として震災地から出た人の数である。一方、人口増となった1府6県のその他の地域と震災地でない道府県の罹災現存数の和を求め、対象地域の死亡・行方不明者を足すと77万9938人となる。この数は震災地以外の地域へ避難者として入った人の数といえる。両者はほぼ一致する。このことは上記の推計がある程度正しいことを証明するものである。つまり震災から二カ月半後の11月15日現在で、77万人あまりの被災者が震災地を離れ避難民として他の地域へ移動していたといえる。

先の推計と比べて20万人あまり少ないのは、評価精度の問題を除くと、一度9月中に他地域に避難した人が、11月15日までに元いた場所に戻ったという可能性が考えられる。鉄道省による入京阻止の措置も9月21日には解除された(16)。また、先にあげた人口調査は当時日本の勢力圏にあった朝鮮半島や台湾、さらには南洋群島では行われていないが、上記のように内地内での出入りの人口が77万人あまりとほぼ同じくらいであることから、それらの地域へ避難した人の数はそれほど多くはなかったものと推察される。

表4、5をもとに計算すると、避難者77万人の行先は、東京府の郡部が約32万人、それを含む1府6県内で約47万人、さらに震災地から離れた他の地域に約30万人である。震災地以外で避難民の多い道府県は、3万人を超える大阪府を筆頭に、新潟県、栃木県、愛知県の順でいずれも2万人以上が11月15日時点で滞在していたことがわかる。

ちなみに平成23（2011）年の東日本大震災の避難者数を内閣府が三カ月後の6月2日にまとめた結果(18)によると、被災地内も含めて約16万人（避難住宅の戸数しか分らないところでは平均世帯人数として2・5人／世帯を乗じて人口に変換）と推計される。

人事のあえてよくする所

地震発生直後でさえ多くの人々が予期できぬままに、関東大震災は、国家存亡の機になるほどの大災害となってしまった。東日本大震災の時、地震発生と同時に東日本の太平洋側の地域で強く異常に長く続く揺れを感じ、多くの人々の脳裏を「津波」の2文字がかすめたにもかかわらず、適切な避難行動がとれずに亡くなった人々も、寺田寅彦がいう「リアライズ」の難しさに直面して不幸な結果になってしまったのではないだろうか。

一方で、神奈川県藤沢市の亀井神社に立つ「大震災復興記念碑」（昭和10年4月建立）には「苦しき試練は人を偉大ならしめ、大災の人生に与うる教訓の深甚測り難きもの存す」と書かれ、また、同茅ケ崎市小和田2丁目の小和田熊野神社の「大震災碑」（昭和5年8月建立）には「天変地妖《ちょう》は人力の如何《いかん》ともするべき所に非ずと雖《いえど》も、災禍の範囲を縮狭《しゅくきょう》し救済の道をして遺算なからしむるは人事の敢《あえ》て能《よ》くする所なり」とある。[19] 天災を被るのはある程度いたしかたないが、その際にお互い助け合って復興を成し遂げるのは人間が進んで得意とするところだという意味であろうか。その一端を震災地から遠く離れた愛知・名古屋の地で見ることができる。

次章では、震災発生後そこで何があったのかを探ってみることにしよう。

第2章　名古屋で見つけた関東大震災

（1）日泰寺にある供養堂と慰霊碑

名古屋に供養堂？

名古屋市千種区にある日泰寺《にったいじ》は、明治37（1904）年にタイ（当時はシャム）の国王から送られたお釋迦さまの御真骨（仏舎利）を祀るために建立された寺院である。国王との約束で宗派に偏らず、超宗派で建てられたという珍しい歴史をもつ寺院である。創建当初は日本とシャム（暹羅）の友好を象徴して日暹寺《にっせん》と称したが、昭和24（1949）年の国名変更に伴って日泰寺と称するようになった。(20)

図３　名古屋市千種区の日泰寺にある関東大震災の供養堂と由来碑（左手前）

関東大震災の供養堂は御真骨を奉る奉安塔への入り口右側にあり、供養堂の前には由来碑がある（図3）。それによれば、関東大震災のあと、日泰寺では各講に属する信徒を動員して、毎日名古屋駅前で流浪する避難民を収容、宿泊させて救済に務めた。そのような中で、信徒の会の一つであった萬燈会《まんとうかい》の小林藤吉を中心に6名を慰問使として被災地に派遣した。一行は東京、横浜を中心に数十の火葬場を弔問し、多数の遺骨を収集して帰山した。

図４　日泰寺にある関東大震災の供養堂の内部

帰山後、供養のために釈尊像を鋳造し、遺骨を当時の日泰寺の本堂に安置していたが、昭和15年に萬燈会の創立20周年の記念行事として供養堂を建立して長く遺霊の冥福を祈ることにした。

供養堂に入ると祭壇の中央に釈尊の立像が安置され、その台座に「関東大震災」と刻まれている。祭壇の左側には慰問使として派遣された6名の写真、右側には供養堂建設に際して寄付に応じた奉仕者の入仏式における集合写真などが掲げられている（図4）。また、祭壇の背後にまわると多くの位牌が並んでいる。萬燈会会長の小林藤吉が供養堂建設に際して出した趣意書によれば、建設にあたり集めた寄付金一口（12円）につき一霊で、位牌に法名を彫刻するとある。[20] また、入仏式の予定を同年4月とし、その際に寄付者を会員として招待すること、その後は毎月21日に震災犠牲者の遺骨と位牌に刻まれた会員各位の祖先の霊を回向すると書かれている。毎月21日は弘法大師の月命日にあたり日泰寺の縁日である。祭壇背後には多くの位牌が安置されているが、この約束に基づくものであろう。今でも毎年震災の日の9月1日には御堂の扉を開け供養が行われている。[20]

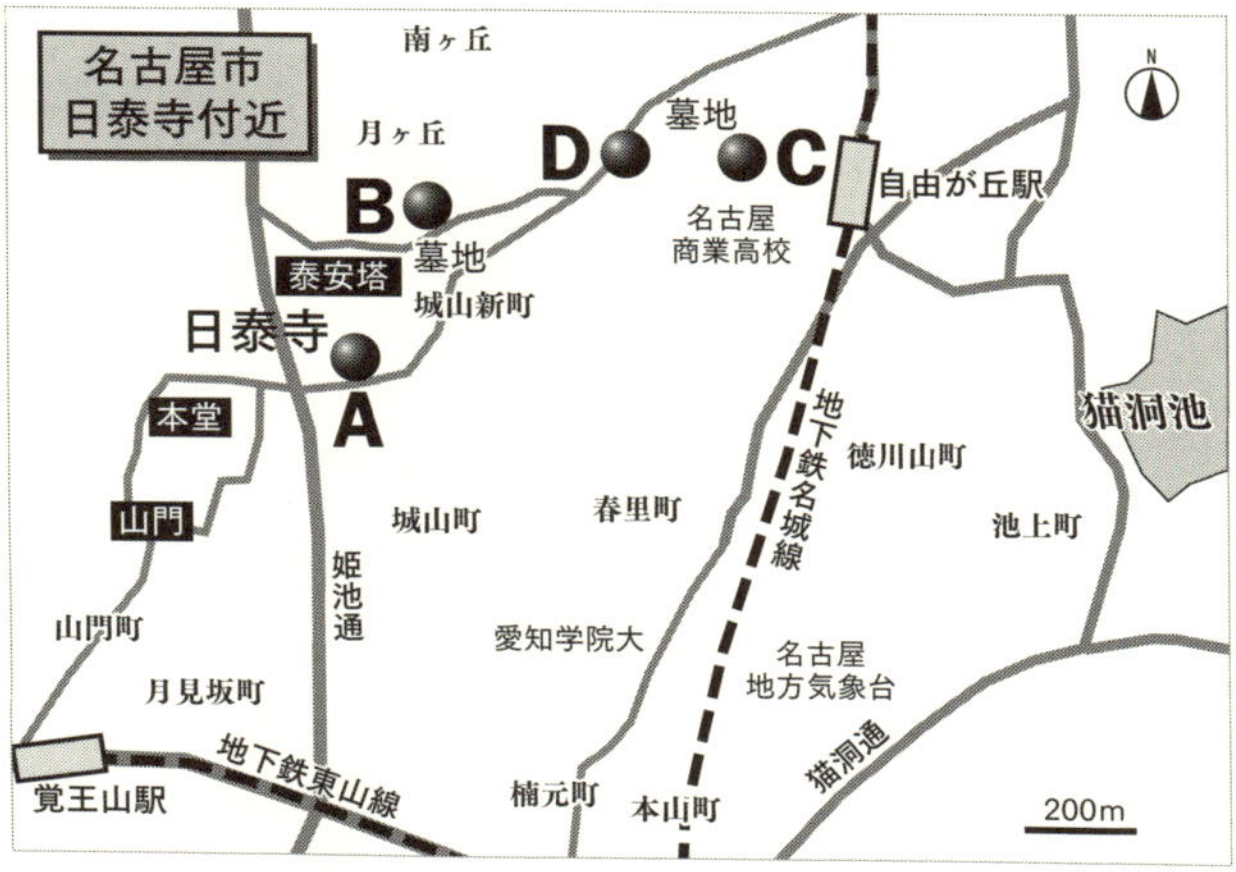

A:供養堂、**B**:横死者追悼之碑、**C**:惨死者供養塔、**D**:橘宗一の墓

図５　日泰寺周辺の地図。A~D は関東大震災関連の供養堂や慰霊碑の位置を示す

境内の慰霊碑

奉安塔の裏の千種区月ケ丘1丁目の住宅地に面した一角には、正面に「関東大震災横死者追悼之碑、永阪周題」と書かれた慰霊碑もある。[20] 図5に日泰寺《にったいじ》周辺の地図を示す。Aが先に説明した供養堂の位置、Bがこの慰霊碑の位置である（図6）。この場所は弘法大師にまつわる八十八ケ所巡りの札所《ふだしょ》に見立てた祠が集まっている場所で、敷地の中に多くの石碑が建ち、慰霊碑はそのうちの最も西の外れにある。背面には「大正十二年十二月十二日建　名古屋市東区蒲焼《かばやき》町《ちょう》青年会　世話人町役員一同」と刻まれている。

建立の日は地震が発生した9月1日から数えるとほぼ100日目にあたり、百カ日法要に合わせて建てられたものと思われる。東区蒲焼町は現在の中区錦3丁目にあたり、地元青年会が主体となって建てたもののようである。

石碑は昭和63（1988）年4月下旬に現在地に整備された。そのことを伝える同年6月6

図6　名古屋市東区蒲焼町青年会が建立した「関東大震災横死者追悼之碑」

日の「朝日新聞」によれば、石碑は元々隣接する千種区南ケ丘2丁目の路傍に半ば埋まって倒れていた。それを知った当時の日本福祉大学講師であった小出裕と錦3丁目の住民が、日泰寺に働きかけて現在地に再建立したものである。碑は昭和34年の伊勢湾台風の時に倒れ、以来そのままになっていたということで、その時点ですでに建立の由来はわからなくなっていた。表題の揮毫《きごう》者である永阪周は本名永坂周二、号を石埭《せきたい》という名古屋出身の医師で、漢詩人・書家でもある。

境内にはもう一つ関東大震災の慰霊碑がある。[20] 場所は地下鉄自由が丘駅のすぐ近く、名古屋商業高校に隣接する図5のC地点である。高さ3mにもなる細長い形状の供養塔である（図7）。正面には「大正十二年九月一日　関東大震災惨死者供養塔」と刻まれ、左側面には「大正十五年八月廿一日建之」とある。背面には9名の世話人の住所、氏名と石匠の名があり、発起人として「青山金次郎」と刻まれている。また、右側面には寄付者として24名の住所、氏名がある。世話人も含めて、現在の中区、西区、中村区、東区、南区など名古屋市内の広い地域の人々によって建立されたものであることがわかる。名古屋市以外からは2人で、世話人に伊勢桑名、寄付者に横浜市磯子町の人がいる。

図7からも見てとれるが、右隣に2つの墓石が並んでいる。手前が「小野家之墓」、奥が「青山家之墓」とある。どちらも地震の前年、大正11（1922）年10月に建立されたものである。前者の建立人は「小野治三郎」とある。寄付者にある「中区西川端五丁目　小野治三郎」と同一人物であろう。また後者の建立人は供養塔建立の発起人である青山金次郎である。先に紹介した追悼碑やこの供養塔の由来については、日泰寺の寺務所でうかがったが、資料もなく碑文の情報以外にはわからないとのことである。[20]

図7　発起人・世話人・寄付者総勢34名が建立した「関東大震災惨死者供養塔」

愛知・名古屋の震災対応

日泰寺《にったいじ》の慰霊碑がどのような経緯で建立されたかがわかる直接の資料は見つかっておらず、あくまで推測の域を出ないが、震災後の避難者をめぐる状況を整理しながらさらに考察してみることにしよう。

『大正震災志』下巻[16]には、関東大震災時の全国の府県の対応状況がまとめられている。それによれば、愛知県は、9月2日午前2時、日本電報通信社名古屋支局員より大震災の情報を得たのを手始めに、市内各新聞社が発した号外により事態が重大であることを知った。県知事は直ちに県庁職員を招集して救援方針を定め、義捐金の募集、救援物資の調達、輸送船舶の交渉、救護班の組織などの準備に取り掛かった。また名古屋にあった第三師団が飛行偵察を行うことを知り、天皇陛下への安否伺い（天機《てんき》奉伺状《ほうしじょう》）や各大臣への見舞状を託した。2日の午後5時に飛行機が帰航、摂政宮殿下がご無事なこと、被害が激甚であることが概略わかり、さらに午後7時30分には、国から災害の公報が無線電信で伝えられ、救援が一刻も早く必要であることを確認した。

これらを受けて翌3日、知事は官民協力して救急にあたるように通達を出し、急きょ臨時の県参事会（県会議員の代表者を含めた議決機関）を開催し、救済費13万円（約6億5000万円）の支出を決議した。さらに9月13日には同会で3万9500円（約2億円）の支出を追加、罹災救助基金（災害のために県が準備をするよう定められていた資金）として10万4530円（約5億円）の支出も可決した。救援物資の輸送は船の手配に手間取ったが6日午後に最初の救援品を東京・横浜に向け発送した。

この間、9月5日には愛知県知事、名古屋市長、商業会議所会頭、県農会長などを中心に県下各階級の代表者や有力者数百名に働きかけて愛知県救済会を発足させ、義捐金の募集など全県をあげた本格的な救援活動を開始させた。

一方、県内への避難民は9月4日午後4時に名古屋駅に到着した300名を最初に、海陸よりの避難者が日を追うごとに増え、9月30日までに総計で15万742人に達した。内訳は名古屋駅14万2523人、熱田駅572人、千種駅5064人、大曽根駅1494人、名古屋港1819人である（合計は15万1472人で総計とは合わない）。北原糸子[21]は、愛知県公文書館の「震災関係書類」から通過者も含めて11万3001人という数字を示している。いずれにしても大量の避難民が押し寄せたことに間違いはない。

これに対して青年団、在郷軍人会、婦人会、信仰団体、社会事業団体などが救護にあたった。日泰寺が信徒を動員して名古屋駅前で行った救護活動もその一つであろう。避難者に対する救護は、当座の弁当・湯茶、衣類・履物などの給与にはじまり、県下の公私立病院その他の篤志医師による駅前での応急処置や入院看護、さらには滞在者に対する職業紹介や児童生徒の就学支援なども行われた。9月末日までに、入院救療を受けた人は5816名、就職者は2804名、各学校への児童生徒の編入は10月20日までに1656名を数えた。

当初避難者に対し名古屋市は名古屋駅前広場に大天幕を張って応急宿舎にしたが、その増加にとても追いつけなかった。『大正震災志』下巻には、そのことを耳にした寺院、教会、富豪はもとより、いわゆる貧者の一燈で、一人でも二人でも宿泊させたいと申し出るものもあり、避難者の収容に支障が出ることもなく、県市の救護活動上多大の便宜を得たと書かれている。

同書はこれを「同情心の翕然《きゅうぜん》」と述べている。「翕然」とは「多くのものが一つに集まり合う」ことをいう。街にあふれる避難者から肉親の死などを聞かされた愛知・名古屋の市民の同情心の「翕然」が、震災慰霊碑建立につながったのではないかと考えられる。

愛知・名古屋の例ではないが、当時の市民による避難者への対応については、鹿島組副社長の鹿島龍蔵《たつぞう》による「天災日記」を通して、具体的に想像することができる。(4) 龍蔵は〝富豪〟の部類であろう。龍蔵の自宅は、先に述べたように北豊島郡滝野川町（豊島区田端）で、避難者の数を推定した23ページ表4では東京府郡部にあたる。東京から出る鉄道は震災で大きな被害を受け、東海道線は10月28日まで、中央線（東線）は10月25日まで不通となっていた。このため、震災当初は信越線、東北線、常磐線に避難民が殺到した。(22) 田端は信越線、東北線の起点で、陸路名古屋方面への避難者も大半は信越線で長野県に出て、篠ノ井駅から篠ノ井線経由で中央線（西線）に乗り継いで来たものと思われる。

9月2日、龍蔵が朝から京橋区木挽町《こびきちょう》9丁目（現在の中央区銀座7丁目）の本店の被害状況を確認しに行き、夕刻自宅に戻った時の様子を「天災日記」は次のように伝えている。

「帰って見て驚いたのは家中人になって居た事で、僕の顔を見るなり、挨拶にと頭をそろえてやって来る。無論知った顔が重《おも》であるが、又知らぬ人も随分多勢である。家の中から外にかけて二百人位は居た様だ。無論知人及び其《そ》の同伴者は屋内に、然《しか》らざるは戸外である」

知人の中には昔お手伝いさんとして龍蔵宅で働いていた女性で、火災で家を失い隣近所数軒の人々17名を引き連れてきたものもあったという。龍蔵は知人ということで、庭に留め置くこともできないと、全員屋内に居場所を与えることにしたと述べている。これら避難民の多くは、行先に目途が立ったものから順次、龍蔵宅を去っていったが、家も家族もすべて亡くしたものの中には大正14年に妻をめとるまで滞在していたものもいたという。

龍蔵は日ごろからの心がけで家に米二俵の買い置きがあった。10人くらいなら40日は足りるが、この避難者の数では数日しかもたないということで、9月4日の早朝、鹿島の本家がある埼玉県の所沢へ人をやり、食料の援助を頼んでいる。さらに夕刻には、鹿島組の千住出張所に米と石油の援助を頼んでいる。また銀行で金をおろそうとしたができず、3日に水戸から救援に駆けつけた組員から150円（約75万円）、7日に千住出張所から100円（約50万円）をそれぞれ救援資金として借りている。9月6日には所沢の本家と千住出張所から食料や石油が届きひと安心したが、9月8日時点での悩みは糞尿問題であったという。汲み取りを関連方面に依頼したが当面解決の目途は立たなかったようである。

避難民をこころよく受け入れたのは龍蔵だけではあるまい。茅ケ崎市の小和田熊野神社の碑が語る、「救済は人事のあえてよくする所なり」という意味がよくわかる。愛知・名古屋の人々もそれぞれの能力に応じ、ごく普通に避難者に対して救済の手を差しのべたものと思われる。今日、名古屋に残る震災慰霊碑はこのような当時の人々の心を今に伝える貴重な震災遺構である。

（2）地方に残るさまざまな慰霊碑

橘宗一の墓

日泰寺《にったいじ》には、この他に関東大震災の混乱の中で非道な大人によって殺された罪もない少年の死を悼む墓碑がある（図8）。いわゆる甘粕《あまかす》事件の犠牲者、橘宗一《たちばなむねかず》の墓である（位置は図5のD）。

図8　日泰寺の墓地にある橘宗一の墓

橘宗一は、大正6（1917）年に米国移民で貿易商の橘惣三郎《たちばなそうざぶろう》とアナーキストとして有名な大杉栄の妹あやめとの間に長男として生まれた。宗一は関東大震災の際にたまたま日本に帰国していた。事件の日の9月16日は鶴見の叔父勇一（大杉栄の弟）のところにいた。そこへ震災で消息がわからなくなった弟と宗一の消息を訪ねて大杉栄と伊藤野枝夫妻が訪れた。大杉らは勇一一家の無事を確かめ、ここは不自由だからと宗一を連れて自宅に戻ることにした。当時大杉の自宅は豊多摩郡淀橋町柏木（現在の新宿区柏木）にあって大した被害もなかったのである。ところが3人が自宅近くまで戻ったところを憲兵隊の甘粕大尉らに連行された。いわゆる甘粕事件である。大杉と伊藤が惨殺され、当時満6歳の宗一も口封じのために殺された。[20]

墓碑は父親の惣三郎が、宗一が満10歳になるはずの年に建立したものである。墓碑の正面には題額として「Mr. M. Tachibana／Born in Portland Org.／12th 4.1917.USA」と書かれ、続いて「吾人《ごじん》は　須《すべか》らく愛に生くべし　愛は神なればなり　橘宗一」と記されている。また、背面の上部には「宗一（八才）は再渡日中、東京大震災のさい、大正十二年（一九二三年）九月十六日の夜、大杉栄、野枝と共に、犬共に虐殺さる　Build at 12th 4.1927 by S. Tachibana」。下部には「なでし子を、夜半《よわ》の嵐にた折られて、あやめもわかぬものとなりけり　橘惣三郎」と書かれている。

この歌の「なでし子」は、花の「なでしこ」と「愛する子」との掛詞。「あやめもわかぬ」は、「はっきりと分らない」それほどの酷い状態だったということと、宗一の母の名前「あやめ」との掛詞である。最愛の我が子を理不尽にも失った無念さが碑文からにじみ出ていて胸にせまるものがある。

墓碑は宗一惨殺の4年後に建立されたがその後の時代背景もあり、人知れず草むらに放置されていた。日泰寺に近い団地に住まいしていた西本令子がたまたま自宅近くを犬と散歩している途中で見つけ、「朝日新聞」の「ひととき」欄に投書した。昭和47（1972）年9月13日に掲載されたこの記事が、墓碑を再び世に知らしめるきっかけとなった。[23]

それを読んだ当時婦選会館で活動していた児玉勝子や社会主義運動の開拓者として有名な堺利彦の一人娘の近藤真柄《まがら》をはじめ、大杉に縁の人や名古屋で人権問題にかかわっている人、さらには愛知県出身の政治家である市川房枝や婦選会館の人々など多くが協力して「橘宗一少年墓碑保存会」が設立され、日泰寺内に墓地が整備された。その結果、昭和50（1975）年9月15日に初の墓前祭が行われ、現在でも毎年保存会によって墓前祭が続けられている。

名古屋市東区の照遠寺

日泰寺《にったいじ》以外にも、名古屋市内には関東大震災の慰霊碑のある寺院がある。日蓮宗照遠寺である。[20] 照遠寺は慶長15（1610）年の清須越しで名古屋に移った寺で、名古屋城下を防備するための西、南、東に建設された寺町のうち東寺町の寺院の一つである。

嘉永6（1853）年の火災後再建、さらには明治24（1891）年10月28日の濃尾地震で鐘楼大破などの被害を受けたが修繕され、正面に祖師堂を仰ぐ大きな寺であった。現住職（30世）の話では、幸い第二次世界大戦の空襲は免れたが、昭和34（1959）年の伊勢湾台風で祖師堂などが倒壊し、再建のために敷地の一部を売却して祖師堂跡に現在の本堂が再建されたという。

山門を入ると正面に本堂があり、その左側に2つの小さな慰霊碑が建っている（図9）。左側が関東大震災、右側は濃尾震災の慰霊碑である。

図９　名古屋市東区の照遠寺にある関東大震災と濃尾震災の慰霊碑

関東大震災の慰霊碑正面には「関東大震災横死者之霊」と書かれ、背面には「當山嗣法日極代《とうざんしほう》」、右側面には「大正十二年九月一日於《おいて》関東千古未曾有の大震火災起り、横死者実に十有余万に及ぶ其《その》惨状極まれり此《こ》の精霊を永く為吊《ちょうするため》聊《いささ》かなる碑を茲《ここ》に建立す　供養主　町内役員／青年団／各寺院」とある。

供養碑の由来など住職におうかがいしたが詳細は不明である。日極は先々代のことで28世である。供養主として町内の役員、青年団、各寺院とある。先に指摘したように、避難者の受け入れには寺院も大いに協力したとあることから、東寺町にも少なからず避難者が来たことが想像され、それらの人々への同情が慰霊碑建立のきっかけとなったものと思われる。

他県の慰霊碑

被災地から遠く離れた場所に慰霊堂や慰霊碑が建てられた例は名古屋市だけではない。有名なものとしては、和歌山県の高野山金剛峰寺の霊牌堂がある。霊牌堂は、震災当時に東京市長であった永田秀次郎が、犠牲者の慰霊のために私財をなげうって奥之院に建立したものである。[17]

中部地方では、長野市の善光寺に「関東大震災横死塚」がある。[20]図10はその写真である。善光寺境内の北西隅、忠霊殿の西側にあり、台座背面には「大正十二年九月一日、関東大震災横死者分骨、大正十五年六月　善光寺建之」と書かれている。

図10　長野市の善光寺にある「関東大震災横死塚」

大正15（1926）年5月13日の「信濃毎日新聞」には、この塚の建設にあたり行われた地鎮祭の様子が次のように書かれている。

「長野市善光寺では、大正十二年九月一日の関東大震災にあたり、不幸横死したるものゝお骨を当時東京府より分て貰《もら》い、同寺院境内の忠霊殿西方へ埋葬し土饅頭にして置いたが、右は有名なる弘化四年の善光寺大地震の際横死したる者のため、記念として建設されてある地震塚に其《そ》の型を取り、全く同一形式のもとに現在の埋葬地三十坪へ、関東大震火災分骨搭を近くいよいよ建設することに決し、十一日大本願、大勧進両寺一山僧侶の手で、地鎮祭の法要を営み十二日から工事に着手した」

大勧進と大本願は善光寺を構成する2つの寺院である。[20]

なお、総工費は4000円（約2000万円）で6月一杯に竣工予定との記載もあり、横死塚台座背面に刻まれた記載と一致する。

善光寺境内では弘化4（1847）年のいわゆる善光寺地震の地震横死塚（上記の「地震塚」）が有名で、関東大震災横死塚はそれとまったく同じ形式で建てられたことがわかる。両者の形状が酷似しているのはそのためである。また、地震横死塚に埋葬される関東大震災による遺骨は東京府より分けてもらったと記載されている。文献（24）によれば、東京本所の浄土宗回向院の万人塚にも、関東大震災の際、遺族や縁者の要望に応えて被服廠跡に建つ震災記念堂（現在の東京都慰霊堂）から分骨された遺骨が納められたといわれている。その背景には、震災記念堂はあくまで無宗教の施設であり、犠牲者の御霊を阿弥陀様の下で安らかに眠らせてあげたいという残された人々の思いがあったと推察される。善光寺への分骨も同様の趣旨で行われた可能性が考えられる。

長野県における11月15日現在の罹災者現存数を見ると1万9744人とかなりの数にのぼっていることがわかる（24ページ表5参照）。『長野市誌』第14巻[25]には、長野市における震災罹災者人口調査結果が掲載されており、それによれば、11月15日時点で、東京、横浜などから逃れてきた罹災者の現存数は1888人で、彼らが震災で亡くした家族数は65人である。長野県全体の現存罹災者が同様の比率で家族を亡くしていたとすれば、その数は700人近くになる。罹災者やその家族には地元出身者も数多く含まれていたものと思われる。一方、さきの善光寺地震の死者は約8000人と推定され、宿坊での火災により多くの参籠者が命を落とし善光寺領だけで約2500名が死亡した。[26] 地震塚にはほぼ同数の2500余人の遺骨が埋葬されているといわれている。[27] 関東大震災当時はまだ善光寺地震から76年しか経ておらず、体験者も存命していただろう。関東大震災によってその記憶がよみがえり、同様の形式での横死塚建立につながったということも考えられる。

横死塚建立の前年、大正14年9月2日の「信濃毎日新聞」には、「涙！またあらた」と題して、大勧進・大本願の両寺で行われた三回忌法要の様子が報道されている。横死塚建立以前においても善光寺では、関東大震災の犠牲者に対する法要が大々的に行われていたことがわかる。

図11　兵庫県加古川市志方町細工所の安楽寺にある「関東震災横死供養之碑」

さらに他県に目を向けると、兵庫県加古川市志《し》方町《かたちょう》細工所《さいくしょ》の浄土宗安楽寺に「関東震災横死供養之碑」と書かれた図11のような供養碑がある。[28] 地元の郷土史家（加古川史学会）の岡田功は大国正美編著『兵庫県謎解き散歩』[29]で、碑文などをもとに碑の由来を以下のように述べている。

「（関東大震災の発生から）一カ月ほどしたころ、念仏踊り供養の依頼が、東京在住の加古川市志方町細工所出身者から地元に来た。当時、この地域では、法要などで御詠歌に合わせて扇子を手に舞う風習が、死者を弔う行事として頻繁に行われ、その踊りのグループが、細工所の安楽寺にあったからだ。とはいうものの、大震災の直後だけに遠い被災地へ向かうのには、社会不安の中、どのような気持ちで行こうとしたのだろうか。

その年12月の百日忌には、細工所から20歳前後の若い女性を中心とする二十余名が、被害の著しい東京浅草へ供養にでかけた。列車を乗り継ぎながら丸一日がかりの行程である。

一行は、浅草観世音など10カ所余りで、死者を供養する御詠歌をあげながら念仏踊りを舞ったが、その姿に数百万の市民が感泣したという。……この世のものとは思えない悲惨な状況を思い出し、人々の涙を誘ったのだろう。

被災地の想像を絶する情景にとまどいを隠せない悲惨な状況を目の当たりにした娘たちは、帰郷してから震災の犠牲になった死者を弔う供養の『関東震災横死供養之碑』をゆかりの安楽寺に建立した」

碑文によれば、一行は「浅草観世音、被服廠跡、田中町、聖天町、吉原町外《ほか》数場」で、死者を供養する御詠歌をあげながら念仏踊りを舞った。悲惨な様子を目のあたりにした娘たちは、帰郷してから「不慮の災難の死」を意味する「横死」の文字を刻み、震災の犠牲になった死者を弔う「関東震災横死供養之碑」の石碑を安楽寺に建立したのである。念佛踊りが行われた場所のうち、浅草観世音は浅草の浅草寺のことで、焼け野が原となった浅草界隈で奇跡的に焼け残り、7万人が避難したと伝えられる場所であるが、他はいずれも大量に犠牲者を出したところである。[24]

この他にも兵庫県には、西宮市甲山町の真言宗神呪寺《かんのうじ》（甲山大師）に慰霊碑がある。[28] 石碑正面に「奉修光言秘法為関東震災遭難死菩提也」と刻まれている（図12）。背面上段には「大正十二年九月一日地震、同年十月二十一日建之」、下段には5名の発起人の住所氏名が書かれ「現住全雅代」とある。震災の年の10月21日に建立されたもので、ほぼ四十九日法要の時期にあたる。『甲山・神呪寺史』[30]によれば、全雅和尚は関東大震災当時の住職（79世）で、大師堂や客殿を新築するなど山内整備に貢献し昭和11（1936）年に遷化（享年72歳）した。建立発起人はいずれも大阪の財界人で、神呪寺の話では、以前から財界の方や学校関係者などがサロンのように寺に集まっておられ、寺のさまざまな支援などにも貢献してもらっていたので、そのような中で建立されたのではないかとのことであるが、詳細な建立の経緯はよくわからない。[28]

図12　兵庫県西宮市甲山町の神呪寺（甲山大師）にある「関東震災遭難死」碑

以上が、筆者が把握する遠隔地にある関東大震災の慰霊碑である。全国すべてを調べ尽くしたわけではないが、慰霊堂（供養堂）も含め、名古屋における慰霊碑の建立数は他県に比べて多いように思われる。愛知・名古屋の地は、関東大震災のわずか32年前、明治24（1891）年に濃尾震災に襲われ、県内の死者は尾張で2331名、三河で8名の合計2339名を数えた。[26] 関東大震災の惨状を知り、地元出身者を含む多くの避難者を目のあたりにして、その際の記憶が人々の脳裏によみがえったとしても不思議ではない。そのことが慰霊碑建立を後押しするきっかけとなったのかもしれない。

【コラム①】最初の震災慰霊堂

今から127年前の明治24（1891）年10月28日午前6時38分頃、マグニチュードM8・0の内陸直下型地震である濃尾地震が発生した。震源は福井県境（福井県野尻）付近から岐阜県を経て愛知県境にまでおよび、根尾谷断層、梅原断層、温見《ぬくみ》断層で顕著な断層変位が現れた。中でも根尾村水鳥《みどり》地区では上下差6m横ずれ量4mの断層変位が現れ、国の天然記念物に指定され保存されている。[31] 被害は岐阜県（美濃）、愛知県（尾張）を中心に近隣の滋賀県や福井県にもおよび「身の終わり」にかけて「美濃・尾張地震」ともいわれた。死者数は全部で7273人を数え、そのうち岐阜県では4889名が命を落とした。[32]

この地震で多くの家屋が倒壊した他に、強い揺れにより山崩れが多数発生した。一方、都市部の岐阜、大垣では火災が発生し被害をさらに大きくした。濃尾震災による岐阜の壊滅を伝える新聞記者の第一報は、「ギフナクナル（岐阜、無くなる）」だったという。[31] 名古屋でも近代的な煉瓦《れんが》造建物が倒潰するなど大きな被害が出た。我が国独自の耐震対策の必要性を痛感した国は、この地震を機に震災予防調査会を設立し、近代日本の地震・地震工学研究の出発点となった。[1]

この時亡くなった人々の慰霊のために、当時、衆議院議員であった天野若圓《じゃくえん》が建立したのが岐阜市若宮町2丁目にある震災紀念堂である。[33] 若圓は仏教組織を基盤として、前年の第1回衆議院議員選挙に当選し、同じ年に愛国と仏教精神の高揚を願って愛国協会を設立、岐阜市に本部を置いていた。濃尾震災に遭遇し大きな被害に心を痛めた若圓は、愛国協会の事業として紀念堂を建立し、亡くなった方々の霊を慰めることにした。

紀念堂建立は、伊藤博文、犬養毅、大隈重信や岐阜県令の小崎利準《こさきとしなり》らの賛同のもと、地元政財界をはじめ、全国からの応援を得て進められた。開堂式は明治26年の3回忌の前日、10月27日に執り行われた。その際、京都の本願寺から本尊の寄贈を受け、犠牲者の霊牌と岐阜県下の震災死亡人台帳が安置された。岐阜市教育委員会による現地説明板によれば、この紀念堂は震災による犠牲者を追悼する建物としては我が国で最初のものである。約30年後の関東大震災による犠牲者を慰霊する東京の震災記念堂の建設にあたり、設計者の伊東忠太も見学に訪れたという。建物は外観・内装は浄土真宗の様式を基調としているが、宗派を超えた慰霊堂としてつくられたという点は東京の震災記念堂も同様である[24]。

図13　岐阜市若宮町にある濃尾震災紀念堂

紀念堂は、若圓が亡くなったのちも地元の人々の協力を得て、天野家によって守り続けてこられた（図13）。平成17（2005）年には耐震・補強工事が行われ、翌年、文部科学省の登録文化財に指定された。現在も毎年10月28日の祥月命日はもとより毎月28日の月命日にも法要が執り行われている。なお、現在の施主は若圓のひ孫にあたる西村邦彦・道代夫妻である。

紀念堂を維持されてきた120年あまりの道のりについては、道代氏による講演録[34]で詳細を知ることができるが、決して平坦なものでなかったことは言うまでもない。苦難を乗り越えてでも犠牲者に対する慰霊の気持ちを持ち続けることができることも「人事のあえてよくする所」であろう。

第3章

震災追想博物館としての明治村

（1）博物館明治村

設立の経緯

愛知県犬山市字内山1番地にある博物館明治村は、明治建築を保存展示する野外博物館として昭和40（1965）年3月18日に開村した。震災や戦災をはじめ、特に第二次世界大戦後の産業の高度成長によって生じた大小の公私開発事業により、少なからず姿を消し、取り壊されてゆく明治時代の文化財を惜しんで、その保存をはかるため、旧制第四高等学校同窓生であった谷口吉郎博士（明治村初代館長）と土川元夫氏（元名古屋鉄道株式会社社会長）とが共に語り合い、二人の協力のもとに創設された施設である[35]。

現在、明治村には64件の文化財建造物があるが、それらはいずれも震災や戦災、さらには開発という人災をくぐり抜けてきた。そのすべては、大正12（1923）年9月1日の関東大震災当時すでに現存していたもので、中でも被災地にあったものは、被災に負けず互いに助け合って復興に努力する人々を傍らで支え続け、まぢかで「人事のあえてよくする所」を見つめてきた歴史の生き証人である。

その経過を調査し紹介することは、文化財としての価値をより高めるとともに、見学者の震災への理解を深めるという防災上の効果も期待できると考えた。ここからは、愛知県以外ではほとんど例を見ないこの貴重な施設を利用して、被災地にあった建造物が震災の影響をどのよ

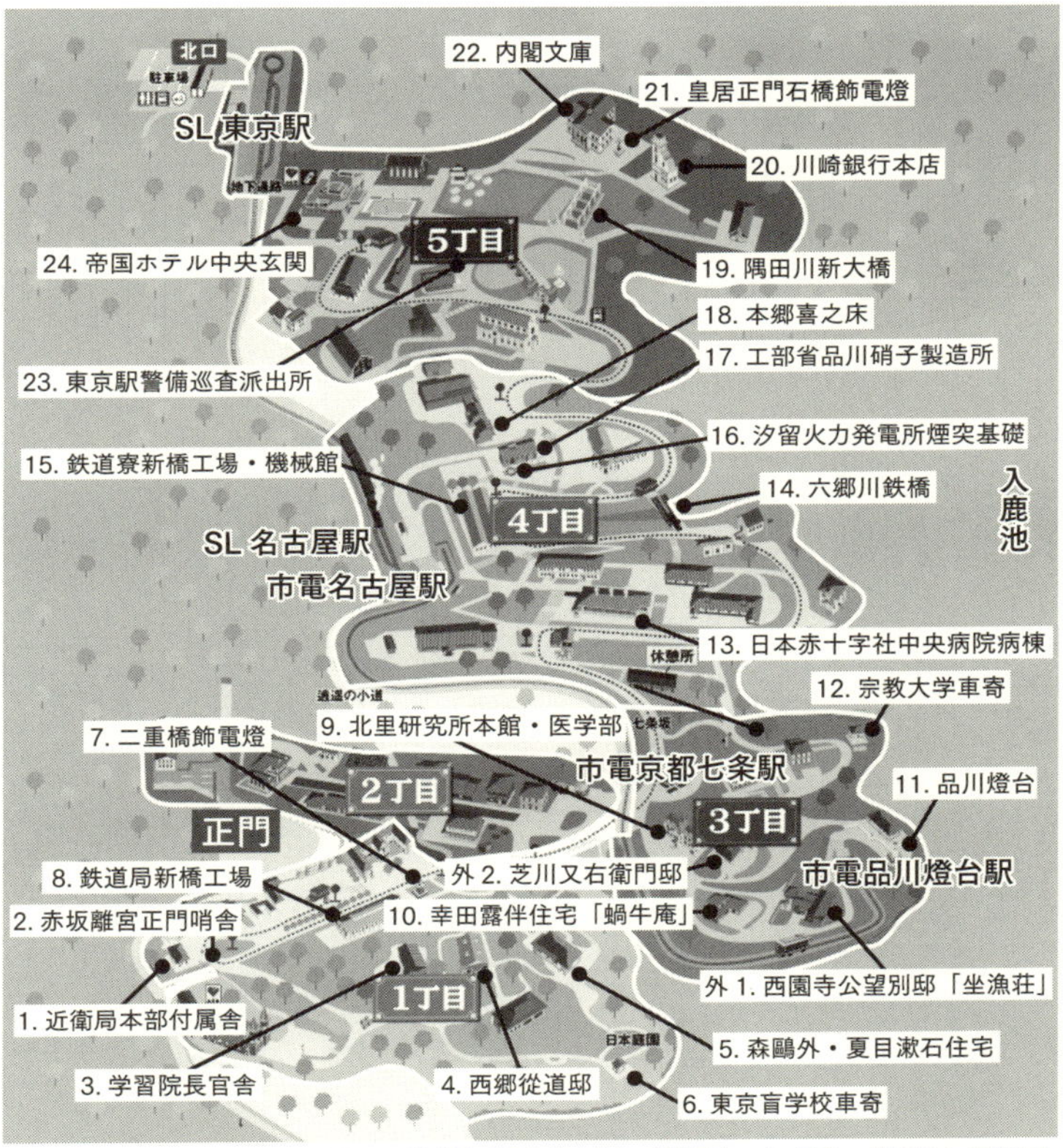

図14　博物館明治村の地図（博物館明治村作成資料に加筆）。関東大震災を経験した建造物の位置を示す。それぞれに付された番号は表6のNo.に対応する

うに受けたか、またそれらが救援・救護、さらには復興時にどのような役割を果たしたかなど、建造物を震災体験者に見立てて、その経験を紹介することにしよう。その際、基礎資料として文献（36）をベースとする。

創建地点（現在住所表示）	震災時住所（旧住所表示）	震度
千代田区千代田	市内麹町区宮城（坂下門内）	5-
港区元赤坂２丁目	市内四谷区仲町１丁目	5-
豊島区目白１丁目	府下北豊島郡高田町	5+
目黒区青葉台２丁目	府下荏原郡目黒町上目黒	5-
文京区千駄木１丁目	市内本郷区駒込千駄木町	6-
文京区目白台３丁目	市内小石川区雑司ヶ谷町	5-
千代田区千代田	市内麹町区（旧西御丸）	5-
港区東新橋１丁目	府下荏原郡品川町南品川宿	6-
港区白金台５丁目	市内芝区白金三光町 138 番地	5+
墨田区東向島１丁目	府下南葛飾郡寺島町 1716 番地	6-
品川区港南５丁目沖	市内芝区（第２台場）	-
豊島区西巣鴨３丁目	府下北豊島郡巣鴨町	5-
渋谷区広尾４丁目	府下豊多摩郡渋谷町	5-
蒲田駅－川崎駅間（多摩川）	神奈川県足柄上郡清水村	6-
港区東新橋１丁目	府下荏原郡品川町・大井町	5+
港区東新橋１丁目	市内芝区汐留町（新橋工場）	5+
品川区北品川４丁目	府下荏原郡品川町北品川宿	5+
文京区本郷２丁目	市内本郷区弓町２丁目 17 番地	6-
中央区 - 江東区（隅田川）	市内日本橋区 - 深川区	5+
中央区日本橋３丁目	市内日本橋区通３丁目 8-10 番地	5-
千代田区千代田	市内麹町区（旧西御丸）	5-
千代田区千代田	市内麹町区（大手門内）	5-
千代田区丸の内１丁目	市内麹町区永楽町１丁目	5-
千代田区内幸町１丁目	市内麹町区内山下町１丁目	6+
静岡市清水区興津清見寺町	静岡県庵原郡興津町	-
兵庫県西宮市上甲東園２丁目	兵庫県武庫郡甲東村	-

震災体験者

図14は博物館明治村の地図である。村内は1丁目から5丁目の5区画に分かれて建造物が配置されている。64件の文化財建造物のうち関東大震災の被災地にあった建造物をまとめると表6のようになる。建造物のうち16番目の「汐留火力発電所煙突基礎」は上記64件の文化財建造物には含まれておらず、その意味では64件

表6　明治村にある関東大震災の被災地にあった建造物一覧

No.	村番地	建造物名	当初構造形式	竣功年
1	1-4	近衛局本部付属舎	木造平家建	明治 21 年（1888）
2	1-5	赤坂離宮正門哨舎	木造平屋建	明治 41 年（1908）
3	1-7	学習院長官舎	木造二階建	明治 42 年（1909）
4	1-8	西郷従道邸	木造二階建	明治 10 年（1877）代
5	1-9	森鷗外・夏目漱石住宅	木造平家建	明治 20 年（1887）頃
6	1-10	東京盲学校車寄	木造	明治 43 年（1910）
7	1-11	二重橋飾電燈		明治 21 年（1888）
8	1-12	鉄道局新橋工場	鉄骨造平屋建	明治 22 年（1889）
9	3-25	北里研究所本館・医学館	木造二階建	大正 4 年（1915）
10	3-26	幸田露伴住宅「蝸牛庵」	木造二階建	明治初年（1868）代
11	3-29	品川燈台	煉瓦造	明治 3 年（1870）
12	3-33	宗教大学車寄	木造	明治 41 年（1908）
13	4-35	日本赤十字社中央病院病棟	木造平家建	明治 23 年（1890）
14	4-41	六郷川鉄橋	鉄骨造	明治 10 年（1877）
15	4-44	鉄道寮新橋工場・機械館	鉄骨造平屋建	明治 5 年（1872）
16	－	汐留火力発電所煙突基礎	煉瓦造	明治 35 年（1902）
17	4-45	工部省品川硝子製造所	煉瓦造	明治 10 年（1877）頃
18	4-47	本郷喜之床	木造二階建	明治末年（1910）頃
19	5-55	隅田川新大橋	鉄骨造	明治 45 年（1912）
20	5-57	川崎銀行本店	鉄筋コンクリート造	昭和 2 年（1927）
21	5-58	皇居正門石橋飾電燈		明治 21 年（1888）
22	5-59	内閣文庫	煉瓦・石造	明治 44 年（1911）
23	5-60	東京駅警備巡査派出所	鉄筋コンクリート造	大正 3 年（1914）頃
24	5-67	帝国ホテル中央玄関	鉄筋コンクリート造	大正 12 年（1923）
外 1	3-27	西園寺公望別邸「坐漁荘」	木造二階建	大正 9 年（1920）
外 2	3-68	芝川又右衛門邸	木造二階建	明治 44（1911）

市内：東京市、府下：東京府

の文化財建造物のうちの23件、16番目を加えると24件が関東大震災の被災地にあったものである。そのうち23件は当時の東京市とその周辺で、No.14の六郷川鉄橋は移築によって神奈川県足柄上郡山北町で地震に遭遇している。また番外1の西園寺公望《きんもち》別邸「坐漁荘」と番外2の芝川又右衛門邸は、それぞれ、被災地からはずれた静岡県庵原郡《いはらぐん》興津町（現在の静岡市清水区興津清見寺町）と兵庫県武庫郡甲東村（西宮市上甲東園）にあったが、関東大震災の影響で昭和初期に耐震や耐火のための改修が行われたといわれており表に加えた。図14の村内地図には表6にまとめた建造物の位置をすべて示している。

村内では、建造物にそれぞれ番地と呼ぶ通し番号が付けられている。表6の村番地はそれにあたる（例えば1－4は1丁目4番地）。表には、建造物の構造形式、竣工年、創建された地点の現在の住所表示に加えて、関東大震災時にあった場所を当時の住所表示で示している。震度はいずれも住家全潰率などから評価されたその地点での揺れの強さで、東京市内につ

図15　関東大震災の際に東京にあった明治村の建造物の位置。影を付けた地域は焼失地域を示す

いては文献（37）による町丁目ごとの評価、東京府の郡部については大字ごとに評価できるところは文献（38）、その他の地域は文献（39）による町村ごとの評価結果である。

図15は震災当時の東京市の地図上に23件の建造物の位置を示したものである（ただし鉄道は現在のＪＲ線の軌道を示す）。番号は表6のナンバー（№）に対応している。破線は当時の東京市の市域を示し、外側は、北豊島郡、荏原郡《えばらぐん》、南葛飾郡などの郡部である。図には焼失地域も示す[6]。火災の延焼が東側は横十間川で止まり、西側は皇居をはじめ公園緑地で止まったことがよくわかる。白ヌキの丸は木造の建物である。現存していることを考えれば、当然のことであるが、すべて焼失地域の外側にあったことがわかる。また、木造以外の石造や鉄骨造、鉄筋コンクリート造なども多くは焼失地域の外にあった。橋などを除くと、焼失地域内では、骨組みは焼失を免れても内部が焼失し、結局は継続使用が難しくなったためだと思われる。

名古屋駅から東京駅へ

博物館明治村の中で人気の乗り物をあげると、おそらく1番は蒸気機関車（ＳＬ）、2番は京都市電である。図14を見るとわかるように、ほぼ中央の4丁目にそれぞれＳＬ名古屋駅と市電名古屋駅があり、ＳＬは5丁目のＳＬ東京駅へ、市電は京都七条駅を経て3丁目の品川燈台駅へと延びている。

『博物館明治村ガイドブック』[35]によれば、日本で初めて電車が走ったのは明治23（１８９０）

年に東京上野で開催された第三回内国勧業博覧会の会場内であるが、公道では明治28年の京都市電がはじまりで、京都駅近くから伏見までの約6・4㎞で開業した。明治村を走る車輛は明治43（1910）年から翌年にかけて製造された京都市電である。

一方、鉄道の始まりはさらに早く、明治5年に新橋－横浜間を初めて蒸気機関車が走ったことはよく知られている。その2年後の明治7年に英国から輸入され、実際に新橋－横浜間を走ったのがSL名古屋駅とSL東京駅間を3輌の客車を引いて走っている蒸気機関車12号である[35]。明治村で走る蒸気機関車にはもう一つ、蒸気機関車9号がある。この機関車は明治45年に米国から輸入され富士身延鉄道を走っていたものである。終点の2駅では機関車の方向を変える転車台の操作も見られ、明治村はいつでも手軽にSL体験ができる数少ない施設でもある。

関東大震災当時すでに市電は、東京、横浜、名古屋、京都、大阪、神戸など6大都市をはじめとして、各都市で市民の足として親しまれていた。一方で鉄道網も全国各地に整備されていったが、電車はほぼ私鉄に限られ、長距離列車の大部分を占める国鉄（現在のJR線）はほぼすべてで蒸気機関車が用いられていた。したがって、第2章で述べた東京からの大量の避難民を地方へ運んだのも、もちろん蒸気機関車である。

関東大震災当時の蒸気機関車の車輛の多くは、明治村にあるものよりはより新型のものであったと思われるが、ここでは、各建造物の震災体験を知る第一歩として、SL名古屋駅から、被災地東京を訪れる気分でSL東京駅へ向かってみることにしよう。

(2) 東京駅と帝国ホテル

陛下の駅の面目

　SL東京駅に着くと、そこは5丁目地区である(図14)。そのほぼ中央(60番地)に隅切り八角形の外形に化粧煉瓦《れんが》を張った東京駅警備巡査派出所がある(図16)。図17は地震直後の東京駅の駅前広場の様子である。[40] 多くの避難民が一旦ここに難を逃れ、座り込む人、立ち話をする人など、よく見ると南口の前にこの警備巡査派出所が立っていることがわかる。警官の姿は見えず戸は閉まっているようである。さらに図18は、多少時間が経ってからの派出所の様子である。[41] 尋ね人の張り紙が所狭ましと張られている。

図16　明治村5丁目60番地にある東京駅警備巡査派出所

　東京の鉄道は中央停車場がないままに大正期を迎えた。新しい中央停車場の建設は明治41(1908)年から本格化し、大正3(1914)年竣工、東京駅と命名され開業した。[24] その際、駅前広場を整備する中で、この派出所が生まれた。

　できた頃の東京駅はまさに「陛下の駅」で、市民が多

図 17　震災直後の東京駅の駅前広場の様子［文献 (40)］

く活動する八重洲《やえす》側には入り口がなく、皇居に面した駅舎の中央は皇室専用の出入口や貴賓室が設けられていた。一般乗客の乗車口と降車口はそれぞれ南口と北口に分離して設置され、その距離は30

図 18　尋ね人の張り紙が所狭ましと張られた東京駅警備巡査派出所［文献 (41)］

0m近くも離れていた。このため、開業当初は一般乗客のほとんどが、列車も電車もとまる新橋駅の方を利用し、大停車場は旅客もまばらで、駅員も尋ね回らなければ見あたらないありさまであった。「こんな広い不便なものをこしらえて……」というのが市民の偽らざる感想だったという。(42)

そんな東京駅が市民のために役立ったのが震災の時であった。「陛下の駅」の面目躍如といったところである。駅舎は、日本の近代建築を切り開いた辰野金吾が設計した鉄骨煉瓦造三階建で、地震に対してはびくともせず、震災直後から避難者を雨風から守る空間を提供した。図19は東京駅周辺の火災の状況を示す火災動態地図である。(6) 図の◯は火元、△は飛び火、矢印は火流線、数字を伴う線は延焼の同時刻線である。時刻の右肩の点の数は9月1日から3日に対応している。図からもわかるように東京駅は火災も免れた。このため、当初は東京駅付近の避難者は3万人にも達した。その後徐々に減少し、最後まで残っていた避難者150名が上野方面に移り、翌年2月下旬に避難所の役目を終えて元の中央停車場に戻った。(43)

東京駅舎のある地域は、もともと新橋付近から日比谷入江と呼ばれる海が侵入していた場所で、徳川幕府が成立した慶長年間に埋め立てられたところである。このため地盤が軟弱で周りに比べて揺れが大きくなる。(2) そのような中、基礎工事も含め辰野金吾による耐震設計は見事なものであった。

博物館明治村にある東京駅警備巡査派出所は無傷の東京駅舎やそこに避難してきた人々の一

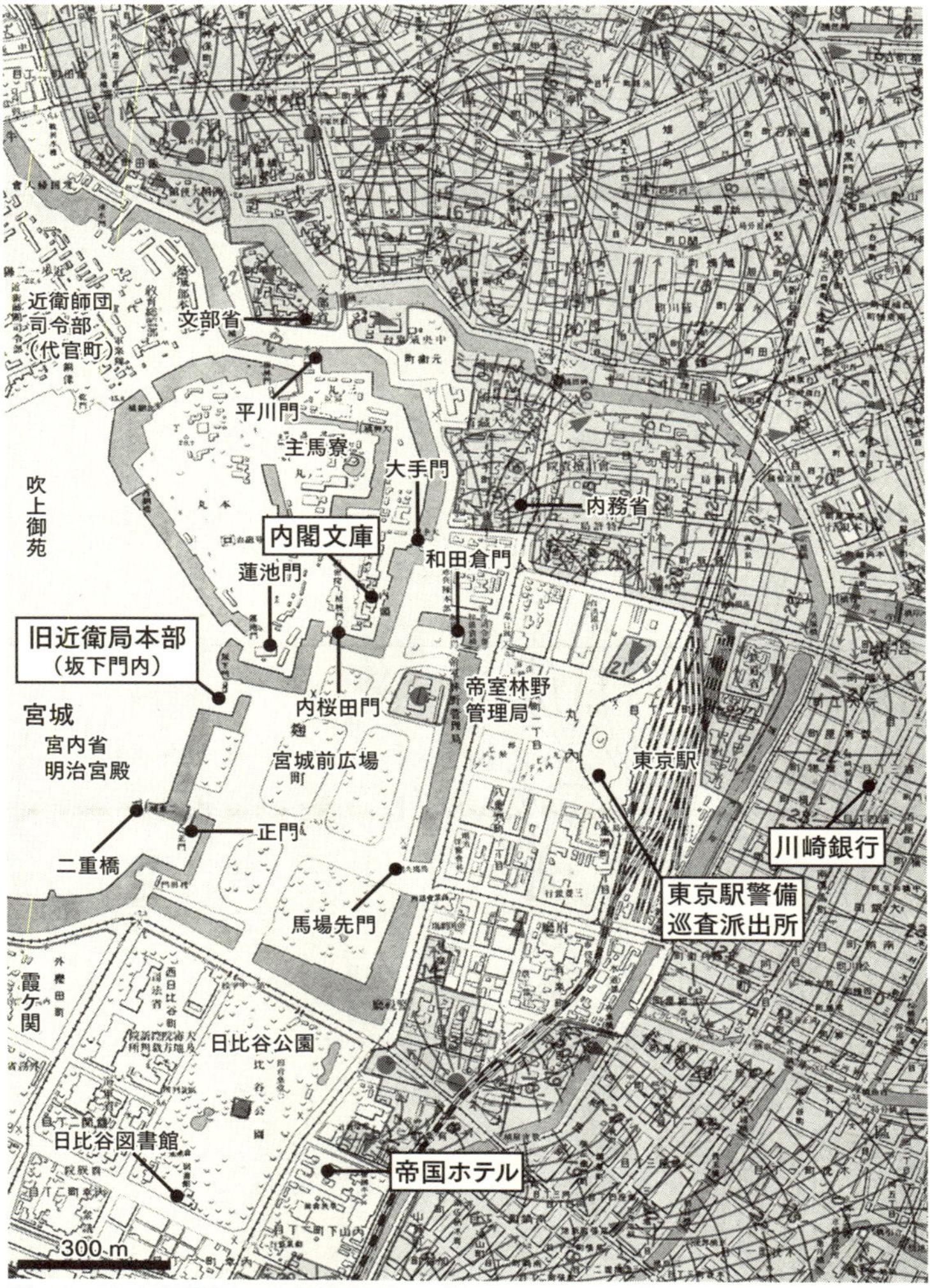

図 19　東京駅周辺の火災動態地図［文献 (6) に加筆］。四角で囲われているのが明治村へ移築された建物があった場所

図20　復原工事で元の姿に戻った東京駅（2018年1月撮影）

部始終を駅前広場から見ていたに違いない。その後、第二次世界大戦の空襲による被害の復旧で、駅舎はドーム部分の形が多少変わったが、平成19（2007）年から、概観を創建当時の姿に戻し、さらに全体を免震化する工事が行われ、平成24年に完成した[44]。図20は復原された現在の東京駅である。もちろん派出所は明治村に移築されているのでそこにはない。なお、東京駅警備巡査派出所が明治村に移築されたのは昭和47（1972）年で、平成16年からは国の登録有形文化財に指定されている。

落成披露式

震災時、東京駅のすぐ近くにあって同様に被災者救援に活躍したのが帝国ホテルである。その玄関部分が5丁目67番地にある（図21）。この建物は、20世紀建築界の巨匠といわれる米国の建築家F・L（フランク・ロイド）・ライトによって設計され、大正12（1923）年に、4年間の大工事の後に完成した[35]。ちょうど落成披露式が大正12年9月1日に行われようとしていたその矢先に地震が発生したのである。もちろん式は中止になり、周りの建物がほとんど焼失する中で、建物は東京駅と同様に倒壊や延焼を免れた。

図21　5丁目67番地にある帝国ホテル中央玄関

ところが、建物全体の被害の様子が書かれた当時の報告書[45]を見ると意外なことがわかる。それは、震災前、つまり落成前にすでに後部大宴会場の部分が約50cm沈下し、その他の建物各部にも不同沈下が見られていたというのである。帝国ホテルは現在と同じく日比谷公園と向き合った場所にあった（図19）。ここは先に述べたように東京駅舎と同じく、日比谷入江を埋め立てたところにあり、それに対応した基礎工事が十分でなかったようである。

震災による被害はエキスパンション部分に集中、このことが建物各部を致命的な損傷にいたらしめるのを防いだようである[45]。これに加え、基礎が不完全であったことも、かえって建物に地震力を伝えにくくし、倒壊を免れたと考えられるかもしれない。

建物は地震の翌日から罹災した各報道機関、各国の駐日大使館、主要企業団体の臨時事務所にあてられた。中でも米国からの援助を受ける窓口としての役割は大きかったようで、日本赤十字社は9月18日に米国救護団と本社の臨時救護部との連絡を保持するために、帝国ホテル内に臨時救護部出張所を設けた。(46) 図22は米兵が帝国ホテル前で食料を運搬する様子を写した写真である。

図22　米国の水兵が帝国ホテル前で食料の運搬をする様子（震災絵葉書より）

ライトの名声

ライトが設計した帝国ホテル本館の建物は、その出発点で震災に遭い、それに辛くも耐えて、被災者救援に大きな役割を果たした。考えようによっては華々しい船出となったといえるかもしれない。ところがそこで受けた傷は終生癒えることはなかった。特に第二次世界大戦後7年が過ぎた昭和27（1952）年に米軍の接収が解けて、帝国ホテルの営業が再開されてからは、建物の耐久性に限界が見えてきたようである。

建物に入った亀裂は日を経るにしたがって大きくなる。さらに各所の不同沈下は継続的にすすみ、亀裂はますます大きくなって、補強の鉄骨も役に立たないほどになった。陸屋根は防水

図23　帝国ホテル中央玄関内のロビーから見た喫茶室の様子

を重ねても雨が降るたびに雨漏りし、大谷石は凍害で落下の危険性が出てきた。それらの危険性を営業のためには隠さざるを得ず、地震のあるごとに大雨が降るごとにホテルの当事者は神経をすり減らす毎日だったという[47]。

このためホテル側では、まずは昭和39年の東京オリンピックの際に建て替えを目指した。ところがライトの設計であるがゆえに、日本の建築界を中心に取り壊しには強い反対があって断念せざるを得なかった。ライトの名声が立て替えの大きな障害となったのである。その後昭和42年になって、当時の帝国ホテルの犬丸社長は、昭和45年の大阪万博を目指して建て替える旨を発表した。その際以下のように述べたといわれている[47]。

「ライトの建てた建物が非常に老朽化してきたという理由で建て直しのことについては、ライトの建築を惜しむとか、いろいろ考え方はありましたが、私どもとしては宿泊者の生命財産を預かる以上、この旧館の状態では、十分自信をもってホテルを運営してゆくことはできない、ということから、改築に踏み切ったのです」

当事者にとっては辛抱できるだけ辛抱した末の決断だったと思われる。それにもかかわらず反対論は依然強かった。今回は政府も仲介にはいり、一部を博物館明治村に移すということで、取り壊すことに決着した。そして昭和42年12月より取り壊しがはじまり、昭和45年には新本館が建てられた。これが現在の帝国ホテルの建物である。一方、明治村も一大決心を迫られた。その一つが〝明治村〟なのに明治時代でない建物を入れるということであった（現在では他に5つの大正時代の建物と昭和初期の建物が1つある）。なお、帝国ホテル中央玄関が明治村に移築されたのは昭和51年で、平成16年から国の登録有形文化財に指定されている。

最後に。明治村の帝国ホテル中央玄関の二階に喫茶コーナーがある（図23）。ライトによる斬新な設計をゆっくりと堪能できる場所である。その際、関東大震災に始まる波乱万丈の歴史を刻む建物であることに思いをはせることができるのも明治村の醍醐味である。

（3）川崎銀行と内閣文庫

ルネサンス様式

15～17世紀初頭に、イタリアを中心に広くヨーロッパに普及した建築様式で、古代ギリシャ・ローマ様式を復興させ外観や床は大理石を基調に対称性と調和を重視した建物をルネサンス様式という。5丁目には2つの代表的な建物がある。一つは川崎銀行本店（57番地）、もう一つは内閣文庫（59番地）である（図14）。

図 24　5 丁目 57 番地にある川崎銀行本店

川崎銀行本店の建物は当時としては本格的銀行建築である。博物館明治村にあるのは図24に示すようにその一部であり、一見すると古代ギリシャ・ローマの遺跡のようなたたずまいを感じる。構造は鉄筋コンクリート（一部鉄骨）造、外壁は御影石積で地上三階、地下一階建であった。[35] 設計者の矢部又吉は横浜生まれの建築家で、地震の前年の大正11（1922）年には鉄筋コンクリート造の川崎銀行横浜支店（現在の損保ジャパン日本興亜馬車道ビル）を手掛けている。このビルは震度7の強い揺れにも耐え、焼失地域にあって、倉庫建築を除けば、内部焼失もなかった横浜で唯一のビルである。現在、本体は高層ビルとなり石積みの外壁とファザードだけが保存されている。[19] 透明感のあるガラスばりの高層ビルを背景に、こちらも古代遺跡のような雰囲気を醸し出している。ルネサンス様式の重厚さがなせる業である。

川崎銀行本店ビルは大正10年から工事をはじめ、震災の際には竣工前であった。建設地点は日本橋区通3丁目8－10番地（現在の中央区日本橋3丁目）[48]で、図19を見るとわかるように焼失地域に含まれていた。鉄筋コンクリート造の被害をまとめた報告書[45]は、このビルの被害につい

図25　川崎銀行本店の竣工時の写真［文献（48）］

て「震災による被害を認めず、火災により側廻りの張付石に火熱による被害を認む」と記載している。この建物も川崎銀行横浜支店と同様に、地震の被害をほとんど受けなかった。通3丁目の震度は5弱であった（表6のNo.20参照）。

ビルの竣工は昭和2（1927）年の6月である。震災後の焼け跡整理、さらには区画整理事業の実施などにより工事の再開に時間を要したことが原因ではないかと考えられる。図25は竣工時の写真である。[48] 平成元（1989）年に新しく建て替えられた社屋（三菱UFJ信託銀行日本橋支店、現在は高島屋ウォッチメゾン）にもこの建物の中央玄関部分が利用されている。なお川崎銀行本店ビルの一部が明治村に移築されたのは平成2年で、平成16年から国の登録有形文化財に指定されている。

文書の被害と復旧

内閣文庫は現在の国立公文書館の前身で明治44（1911）年に大手門内に建物が新築され（図19）、昭和46（1971）年に北の丸公園に現在の国立公文書館ができるまで60年間の歴史

図26　5丁目59番地にある内閣文庫

を歩んできた[49]。その蔵書は、旧徳川幕府ゆかりの書籍を中心とし、さらに明治政府が集めた古文書・洋書を加えて、我が国の中世から近代までの文化、中国の明、清代の文化に関する貴重な内容であった。

庁舎は二階建の事務棟（本庁舎）とその背後に立つ三階建の書庫棟からなり、平成2（1990）年に博物館明治村に移築されたのはこのうちの本庁舎部分である（図26）。正面中央の4本の円柱と巨大なペディメントは古代ギリシャ・ローマの神殿建築を連想させる本格的なルネサンス様式のデザインである[35]。

『内閣文庫百年史[49]』によれば、震災時火災は免れたが書庫の三階が大破した。同書掲載の大正12（1923）年10月にまとめられた「震災被害物品一覧」によれば、地震のために図書3万611冊、本箱等備品約200個が破損した。ただし、上記の資料には、但し書きとして「破損した図書の数は未だ明瞭ならず依《よ》って概算」と書かれている。この他に、各省等に貸し出し中の図書2万4千冊あまりが焼失し、また明治37年3月に学術資料として東京帝国大学に移管された旧幕評定所記録7千6百余冊と附属絵図1500余枚も震災で失われた。東京帝国大学の図書館の火災については後で述べるが、『内閣文庫百年史』にある旧職員等による回顧座談会では「東大史料編纂所に貸し出された」と書かれている。

震災で大破した書庫の修理は、大正15年3月に完成した。この間大正14年3月と5月に延べ920余名の人夫によって書庫内の整理および図書の搬入作業が行われた。また、上記座談会によれば、昭和5、6年の不況の折の東京市の失業対策事業の一環として大学出を使い、他に4、5名の大学出を2、3年雇い図書整理をやったと回顧されている。復旧には相当の時間を要したことがわかる。

他の図書館の状況

震災当時、東京帝国大学の図書館には内閣文庫からの資料も含め多くの旧幕府の記録類があった。(50) 旧幕評定所記録もその一つで、他にも「郡村誌」6400冊、「寺社奉行記録類」1000冊、「社寺領文書類」2700点、日韓交渉の「釜山文書」1000冊、「旧幕府諸藩調達金証書写」1200冊などの根本史料がすべて焼失した。図書館の建物は煉瓦《れんが》造りであったが、医化学教室の発火による延焼で、明治25（1892）年建築の新館も焼失、蔵書75万冊のうち50万冊を焼いた。後で示す本郷区の火災動態地図（179ページ図79）にも東京帝国大学の火災が記されている。

東京帝国大学の火災については、寺田寅彦の「震災日記より」にも書かれている。(5) 寺田が本郷区曙町《あけぼのちょう》の自宅に戻ったあとのことである。

「夜になってから大学へ様子を見に行く。図書館の書庫の中の燃えているさまが窓外からよく見えた。一晩中くらいはかかって燃えそうに見えた。普通の火事ならば大勢の人が集まっているであろうに、あたりには人影もなくただ野良犬が一匹そこいらにうろうろしていた。……十一時頃帰る途中の電車通りは露宿者で一杯であった。火事で真紅に染まった雲の上には青い月が照らしていた」

さらに、井上一之は「帝都大火災誌」[51]で、東京における「発火場所と発火時刻其他《その》一覧表」をまとめているが、それによれば、東京帝国大学の火元としては4つの報告があり、いずれも原因は化学薬品である。そのうち2つは即時消し止められたが、応用化学教室のものは建物を全焼、医化学教室のものは延焼して法文科や図書館、さらには理学部の一部に燃え移ったと書かれている。

なお、東京帝国大学図書館の蔵書の焼失に対しては、世界各国の大学および学者から補充の意味で多数の図書が寄贈された[16]。

『近代日本図書館の歩み』[50]には、この他に東京市立図書館（現在の都立図書館）のことが記載されている。それによれば、日比谷図書館は図19のように日比谷公園にあって延焼を免れ無事であったが、市内に散在する分館12館を失った。罹災後、バラックの仮建物に無事だった本館の図書を供出し、市内6カ所に速やかに臨時図書閲覧所を設け、講談などの慰安書の他に新聞雑誌をおき、途絶えた情報提供を行うと共に、焼失した官庁の統計資料、各種名簿復元のため特別調査室を設置して協力した。これらの活動は国内外で広く注目を集めたという。震災時の図書館の役割を考えるうえで参考にすべき活動であるといえる。

なお内閣文庫の事務棟（本庁舎）が明治村に移築されたのは平成２（１９９０）年で、平成16年から国の登録有形文化財に指定されている。

【コラム②】名古屋駅と市電

日本の東西を結ぶ幹線鉄道の計画は明治初年頃よりはじまり、いわゆる東海道を優先するか中山道を優先するかの議論があったが、明治17（1884）年に中山道を幹線とすることに決着した。当時の工部省鉄道局長は「鉄道の父」といわれた井上勝である。その方針に従い中山道線の工事が進められるが、2年後の明治19年には、詳細な地形実測調査の結果、中山道線には碓井《うすい》峠《とうげ》を代表とする険峻な場所があり多くの費用がかかることが判明し、一転ルートを東海道線とすることになった。[1]

名古屋は中山道からは大きく外れるため、当時の名古屋区（明治22年から名古屋市）の区長であった吉田禄在《ろくざい》は懸命に計画変更を国に求めていたが、それが実現する形となった。吉田禄在はその際、西は堀川までしかなかった広小路を市街地西郊に延ばすことを条件に、低湿地の田圃が広がる笹島に名古屋駅を建設することを強く主張し、明治19年に名古屋駅が開業、明治22年に東海道線が新橋－神戸間で全通した。[52] 現在の名古屋の繁栄はここから始まったが、一方で徳川家康による清須越し以来、堀川以東の熱田台地上で比較的地盤がよいところに形成されてきた名古屋の街が軟弱地盤上に広がるきっかけとなってしまった。

当初の名古屋駅は拡幅延伸された広小路が、東海道線と交わる現在の笹島交差点付近につくられた。その後明治24年の濃尾地震で駅舎は倒壊したが、すぐに拡張され2代目駅舎が建設された。名古屋駅にはその後、明治33年に名古屋・多治見間が開通した中央線が、明治42年には関西鉄道の国有化で関西線が乗り入れることになった。

　このような中で、名古屋停車場前（笹島）と中心部の愛知県庁前までの２・２㎞に明治31年に敷設されたのが名古屋電気鉄道の広小路線である。京都に次いでわが国で２番目の電気鉄道の誕生であった。[52] 博物館明治村の市電京都七条駅（図14）の近くには、「名電１号形」と呼ばれ、明治40年代まで名古屋電気鉄道を走っていた26人乗りの電車が展示されている（図27）。その後、電車の路線は次々と拡張されていき、大正11（１９２２）年にすべてが市に移管された。[53]

図 27　日本で２番目の市内電車として名古屋を走った名電１号形車輌

図 28　昭和８年頃の旧名古屋駅前［文献 (54)］

なお、大正12年の関東大震災の時に多数の避難者であふれたのは笹島にあった旧駅である。図28は昭和8(1933)年頃の駅前の様子である。[54] その後、名古屋駅は乗降客の増加や貨物取扱量の増加で手狭になり、旧駅の北約200mの現在の位置に昭和12年に新築移転した。新築された駅舎は東洋一といわれるほど大規模で豪華な建物であった。この駅舎は平成5(1993)年から解体され、現在の駅ビルである「JRセントラルタワーズ」が平成11年に竣工した。

第4章 皇室の周辺

（1）皇宮警察と近衛師団

複雑な関係

博物館明治村の正門を入り1丁目地区を真っ直ぐ右へ進むと4番地に近衛局本部付属舎と呼ばれる建物がある（図29）。ここではリピーターにはお得な村民登録の手続きができる。ガイドブック[35]によれば、「この建物は宮城警護のために設置された皇宮警察の庁舎の一部として、明治20（1887）年、皇居坂下門内に着工されたが、建設中に用途を近衛局（明治22年、近衛師団と改称）本部に変更して翌年に完成した」と記載されている。皇宮警察と近衛局（近衛師団）の複雑な関係を示唆する記述である。

図29　1丁目4番地にある近衛局本部付属舎

『皇宮警察史』[55]によれば、王政復古の前後より明治初期にかけて皇室の護衛は、諸藩、徴兵、御親兵、近衛と目まぐるしく変遷し、明治5年には薩摩、長州、土佐の三藩から集められた御親兵を近衛兵と改めて皇室の護衛を行うことになったと書かれている。

ところが近衛兵は毎年三分の一が交代し、ことに奥向き諸門に近衛兵を配置することは不適当で、内廷の守衛を担当する宮内省との間の意思疎通にも問題があった。このため明治19年に、宮内省に守門・消防などを広くつかさどる主殿寮《とのもりょう》が設けられた。そのうち、皇宮警備の実効をあげるために設けられたのが、皇宮警察署（明治31年から皇宮警察部）である。これによって皇宮警察官が守門警備を担当することになった。ところが、近衛局も皇宮守衛を撤収したというのではなく、依然国軍の精兵として皇宮の守護にあたった。具体的には近衛局は皇居要所の警戒警備および行幸啓時における騎馬隊護衛などを担当し、皇宮警察署は諸門における出入者の警戒、確認などの業務にあたるというもので、両者は勤務上密接で複雑な関係にあった。

このような関係は、皇宮警察庁舎にも反映されているようである。明治6年の皇居宮殿の大火で、明治21年まで赤坂離宮が仮皇居となっていたこともあり、皇宮警察署発足当初、宮内省主殿寮は赤坂離宮内に置かれたが、新皇居造営に備えて、坂下門内に皇宮警察庁舎を建てることになり、明治20年に着工した。ところが翌明治21年、完成を目前にして近衛の詰所として使用することになる。その際に建設された付属舎が明治村に移築されている建物であり、ガイドブックに書かれているのはそのことである。

このため皇宮警察庁舎は別に蓮池門内（64ページ図19）に建設することになり、明治21年5月に着工10月に完成した。その後、明治43年に近衛師団司令部が坂下門内の庁舎から代官町（現在の千代田区北の丸公園内）の新築庁舎に移転したので、皇宮警察庁舎として使うことにな

図30　坂下門内の皇宮警察部庁舎。木の陰になっている建物が付属舎（文献55に加筆）

り、修繕を加えて同年、蓮池門内庁舎から移転した。図30は坂下門内の皇宮警察部庁舎である。木の陰になっている建物が付属舎（別館）である。第二次世界大戦後は昭和23（1948）年から昭和37年まで順次、各課が現在皇宮警察本部のある旧枢密院庁舎（図19で内閣文庫があったあたり）に移転し、さらに昭和42年まで坂下護衛所として用いられた。その間、皇宮警察部は昭和22年に宮内省から内務省に移管され、警視庁皇宮警察部となり、その後の紆余曲折を経て昭和29年に警察法によって警察庁の付属機関として「皇宮警察本部」と改称して現在にいたっている。

被害と消火

地震による皇宮警察部の被害は、所管の道場である済寧館《さいねいかん》が傾き、庁舎は内外の壁が剥落して室内の器物もすべて転倒した。[55] 付属舎（別館）については特別な記載はないが、同じような被害が出たものと思われる。

地震時に本部内で執務中であった消防主任の岡本警部は、当番を指揮して部内の火気を消し止め、消防員に出動準備を整えさせ、当番の鷹居警部と非番の佐久間警部は警手を指揮して賢《かしこ》

表7　地震直後の皇宮警察部の活動状況［文献(55)より作成］

月日	時間	活動内容
9/1	正午	地震発生、主馬寮蹄鉄工場、馬丁部屋全潰、出火。自動ポンプ隊出動消火
	PM0:10	賢所護衛のため警手6名増派
	0:30	帝室林野管理局（和田倉門内）から出火、近衛歩兵第二連隊一個小隊と協力し消火に当たるが、本館全焼、午後5時50分鎮火
	0:50	摂政宮の吹上御苑避難のため警衛、午後3時30分坂下門より出、赤坂離宮に御帰還
	1:00	大手門屋上に市街より飛び火、十数名により消火
	1:30	高輪東宮御所から出火の急報。余力無なし。民間消防隊、警察官、軍隊の来援を得て防火に当るが、強風が猛威をふるい、水力足らず、御殿は全焼
	1:50	赤坂方面の火災が麹町へ延焼し、臨時帝室編修局（麹町）も危険との報、警手3名派遣
	2:00	芝区浜松町の火災拡大で芝離宮が危険との報、警手2名を派遣
	2:30	帝室林野管理局からの火粉で、大手門消毒所、警手合宿所等から物品を搬出中、大手櫓門屋根三箇所に着火、近衛歩兵第二連隊第七中隊の応援を求め、鎮火
	2:50	帝室林野管理局の猛火が内務省に飛び火、消火に努めたが、本館が全焼
	3:00	和田倉門屋根に飛び火、帝室林野管理局応援中のポンプ車一口延長し、約十分で鎮火
	4:00	赤坂方面の火災により、東宮仮御所（霞ヶ関離宮）が危険との報、余力無く派遣不可能
	4:15	振天府・有光亭（吹上御苑）の屋根に飛び火、十名駆付け、屋根約二坪焼いて鎮火
	5:00	赤坂方面からの火の粉が激しく飛来、吹上御苑の建物屋根に上り、警戒にあたる
	5:30	神田方面の火勢が激しく、主馬寮が危険になったので、蒸気ポンプを配置
	5:30	麹町三年町有栖川宮邸が危険になり、自動車ポンプ隊を派遣
	6:00	神田方面からの避難者収容のため平川門を開扉
	6:20	和田倉門屋根から再び出火、蒸気ポンプを急派し、約30分で鎮火
	7:00	麹町区五番町付近は火の海、火の粉の猛襲をうけて、御内庭、宮殿等が危険となり、皇宮警察官、消防夫を派遣、応援の近衛兵の協力を得て、宮殿、賢所等はことなきを得る
9/2	AM2:00	麹町方面の火災、3時ころ火勢は麹町を通りすぎ、東宮仮御所（霞ケ関離宮）を警戒
	7:00	再び皇居方面に火の粉が飛来、間もなく危険は去る。要所に警手を臨時配置して警戒
	PM6:00	警戒を半数交代とする
	9:00	約二百名の群衆が青山御所に襲来したとの情報があり。誤報
	9:00	平川門内には新たに避難者を収容しないことに決定。馬場先門方面で検問。大手門、内桜田門（桔梗門）を閉鎖

所《どころ》、宮殿、宮内省、大膳寮その他局内の各所に急派して火気を消し止め、その他の警戒にあたらせた。幸いに死傷者は一人もいなかった。

表7は、『皇宮警察史』の記載をもとにまとめた地震直後の皇宮警察部の動きである。図19の火災動態地図[6]には、旧近衛局本部（震災当時の皇宮警察部）の位置をはじめ、主な門や施設の名前を記している。表7からもわかるように、皇宮警察部は、皇居のみならず東宮仮御所があった霞ケ関離宮をはじめ高輪御所や青山御所、さらには有栖川《ありすがわ》など宮邸からの要請に応えるべくできうる限りの消火活動にあたっていたことがわかる。

罹災者の収容

一方、皇居に押し寄せる罹災者を秩序正しく収容することも皇宮警護の観点から重要な役割であった。特に宮城前広場には9月1日午後4時頃から罹災者が集まり、その数は一時約30万人に達した。3日には約3万人と減少したが、20日頃でも3、4千人が残留し近衛師団司令部の天幕に収容した。[55]

神田方面からは火災に追われた罹災者が平川門付近にあふれた。このため午後6時頃に平川門を開き、二の丸主馬寮《しゅめりょう》（馬車・牧場・輸送に関する事務を行う部署）の広場（現在の東御苑）に1万8千人を収容した。

その際、命が救われた罹災者が記した手記（『皇宮警察史』が引用する手記の一部）には以下のように記されている。

「私は文部省の前の広場へ逃げました。そこへ来て見ると、一ツ橋方面から火に追われてきた、幾万かもしれないそれらの人で、ギッシリと詰まって身動きもできない。一方火はようしゃなく文部省に集って、火の粉は群集の頭から雨霰《あめあられ》とそそぎかかる。もう退くも、進むもできなくなって、このまま焼死するのか覚悟をきめますと、嬉しや「ギイ」と桔梗門《ききょうもん》（平川門の誤りか）が開いた。群衆は万歳を叫びながら御門内になだれ込みました。そのときの混雑悲鳴、イヤとてもお話しになりません」

この他に宮内省の管轄内では、主馬寮赤坂分厩、学習院初等科、新宿御苑、浜離宮、各宮家邸内でも避難者を受け入れた。一方、表7にもあるように、9月2日になるとデマなどによる治安の悪化も心配され、門の閉鎖や検問などが行われたが、9月8日頃には災害活動のヤマ場を越え、9月13日の宮内省臨時災害事務委員会の解散に合わせて皇宮警察部の事務も平常に復した。(55)なお、臨時災害事務委員会は、政府が震災直後の9月2日に省庁部局の壁を越えて震災の救護、復旧にあたるべく臨時震災救護事務局を設置したのに呼応して、宮内省が9月3日に設置した組織で、その中で警衛保健を担う警務係を皇宮警察部が担当した。

宮内省所管の地域内に避難した罹災者に対しては、宮内省が炊き出しや医療救護にあたったが、保健衛生の面から、疫病の発生を防止するため各門入門者には手足の消毒を励行させ、構内には47カ所に消毒薬を盛った手洗い鉢を備えた。一方、傷病者の救護だけでなく混乱時における産科、小児科患者の救療を心配された貞明《ていめい》皇后（大正天皇の御妃）の思し召しにより、臨時災害事務委員会が解散した9月13日に、宮内省巡回救護班が編成され、以来自動車7台により7班編成で衣料品を積み、東京市をはじめ横浜方面の医療救護活動に従事した。(55)

なお近衛局本部付属舎が博物館明治村に移築されたのは昭和52（1977）年で、平成15（2003）年から国の登録有形文化財に指定されている。

(2) 赤坂離宮

近代国家の証し

1丁目の近衛局本部付属舎の隣の5番地に赤坂離宮正門哨舎《せいもんしょうしゃ》と呼ばれる小さな建造物がある（図31）。哨舎とは警戒や見張りをする兵が詰めている小屋のことで、この建物は赤坂離宮正門両脇の内外に、離宮の創建当初からその警護のため設けられていた四基の哨舎のうちの一つである。現在の赤坂迎賓館の正門前にも同様に四基の哨舎があるが、博物館明治村にある昔のものの方が屋根頂上の飾りや軒下の文様など凝った造りになっている。

図31　1丁目5番地にある赤坂離宮正門哨舎

赤坂迎賓館のある地はもと紀州藩中屋敷の一部で、明治5（1872）年に旧藩主徳川茂承《もちつぐ》より皇室に献上され、離宮が置かれた。ところが明治6年に皇居が炎上したために、天皇・皇后両陛下が遷御し仮皇居となった。その後明治21年に新宮殿（明治宮殿）が落成するのに伴って再び赤坂離宮と称せられた。(56) 当時の皇太子殿下（後の大正天皇）は、明治18年より敷地の一部に住まいされ、明治22年から東宮御所に定められ、花御殿と称された。その後、明治31年に東宮御所の新築造営が決まり、在来の建物は青山御所に移し、皇太子殿下も青山御所内の仮東宮御所に移られた。

現在迎賓館となっている建物は、明治32年に着工し約10年の歳月をかけて明治42年に完成した。片山東熊《とうくま》による設計である。片山は明治10年に開講された工部大学校造家学科で英国人建築家のJ（ジョサイア）・コンドルの教えを受けた第一回卒業生4人のうちの1人である。先に述べた東京駅舎を設計した辰野金吾もその1人である。片山は宮廷建築家として、調査のため度々欧米諸国を訪ね、なかでもフランスのベルサイユ宮殿やルーブル宮殿の意匠に強い興味を示し、設計の範としたといわれている。(35)

先に建設された皇居の明治宮殿も、当初はコンドルの設計による石造りの洋風建築として計画されたが、宮内省内匠寮《たくみりょう》の意見や予算の関係で、京都御所を模した和風の外観に、椅子やシャンデリアのある洋風の内装という和洋折衷様式の木造建築となった。このこともあり、赤坂離宮における本格的な西洋式宮殿の建設は、近代国家となった日本の象徴として、文字通り明治時代における我が国建築界の総力を結集したモニュメントであったといえる。総工費は510万円（約1000億円）にもなった。[56]

赤坂離宮は当初、東宮御所として造営されたが、時の皇太子殿下（後の大正天皇）はほとんど宮殿を御使いにならなかった。東宮御所としての役割を果たすようになるのは、昭和天皇が皇太子として摂政宮となられた大正12（1923）年8月からで、正式に皇位を継承された昭和3（1928）年の御大典の頃までである。昭和天皇は赤坂離宮に住まわれてすぐに関東大震災に遭遇されたことになる。

完璧な耐震対策

関東大震災による離宮本館の被害はほとんどなかったといわれている。[56] 図32は周辺の火災動態地図である。[6] 赤坂方面と麹町《こうじまち》方面から火災域が延びているが、赤坂離宮や青山御所、青山離宮のある現在の赤坂御用地までは到達していない。

また、文献（56）によれば、赤坂離宮本館の構造は屋根を支える骨組みは鉄骨造、壁は外部が石造、内部が煉瓦《れんが》造、床はコンクリート造、地下一階、地上二階である。地震対策に特に意を用いており、あらかじめ地質調査を徹底的に行い、埋土層、軟弱層を避けて建物位置を決め、さらに基礎設置位置を深さ4・3m掘り下げ、補強材として英国産の鉄道レールを使用する等、基礎工事が十分になされている。

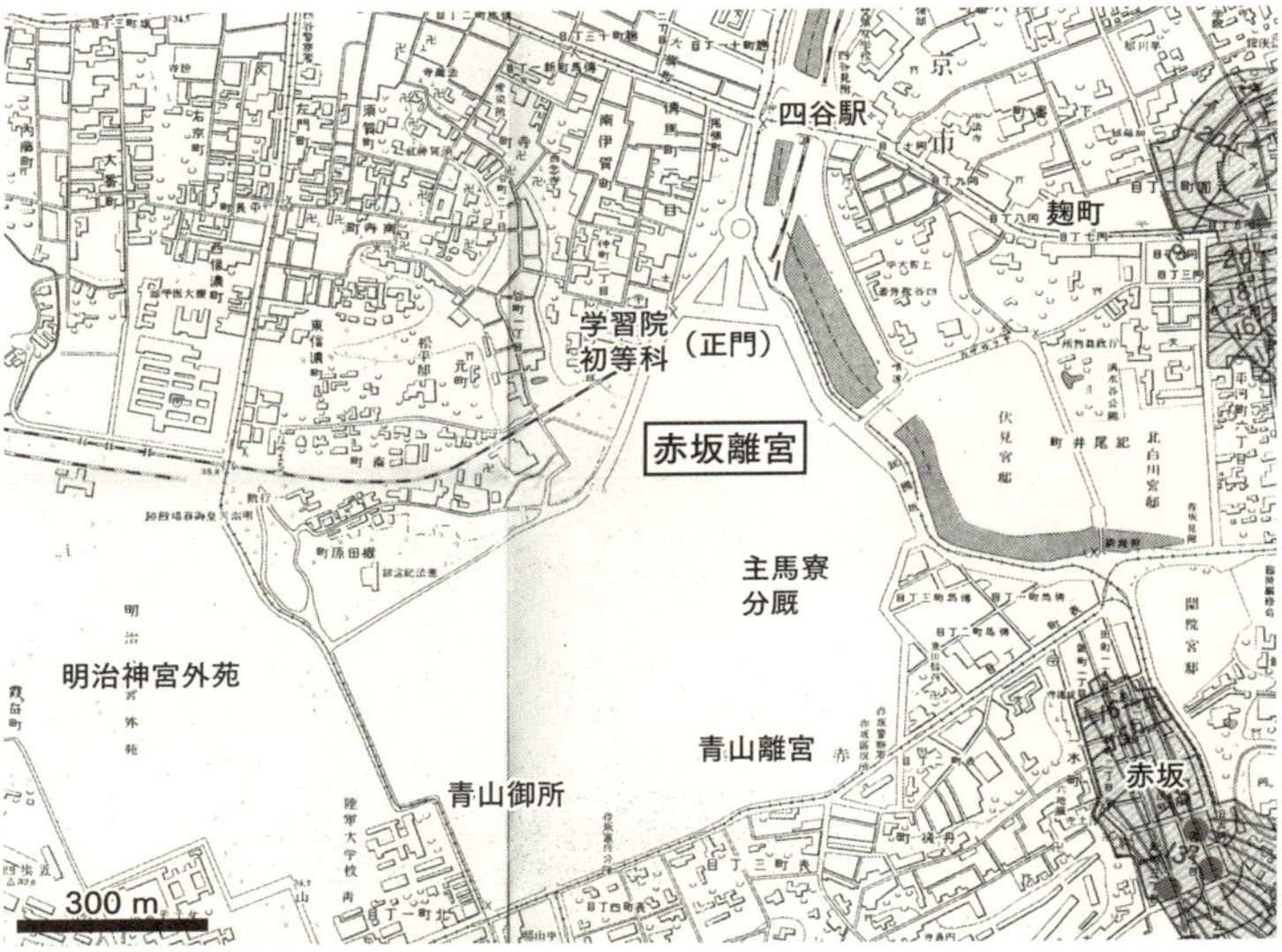

図32　赤坂離宮周辺の火災動態地図［文献(6)に加筆］

さらに、壁の中には縦横に鉄骨を入れ、床も同じく鉄材を用いた耐火構造とし、小屋組には鉄骨トラスが組まれ、屋根は銅板葺である。鉄材の総重量は約2800トン、外壁の内面および内部の壁には、煉瓦1300万個が使われている。その結果、壁の占める面積は建築面積の約3割にもおよび、壁は最も厚いところで1・8mもあり、薄いところでも56cmもある。このように強固な基礎、厚い壁によって関東地震の揺れに耐えたのである。

加えて、本館が建つ赤坂区青山北町1丁目（哨舎のある正門付近は四谷区仲町1丁目）の震度は5弱（56、57ページ表6のNo.2）で、しっかりした地盤上で揺れが軽減されたことも幸いしたものと考えられる。

図33は陸軍気球撮影隊が9月8日に代官町

図 33　陸軍気球撮影隊が 9 月 8 日に近衛歩兵第一連隊営庭から撮影した赤坂離宮周辺の状況［文献 (40)］

図 34　公開日（2017 年 10 月 8 日）に撮影した赤坂迎賓館本館

の近衛歩兵第一連隊営庭（図19参照）から撮影した赤坂離宮周辺の航空写真である(40)。離宮はもちろん、周辺での火災の跡は見られず家屋倒壊も目立ったものはないように見える。

赤坂迎賓館は現在、賓客がない時期を選んで一般に公開されている。図34は、平成29（2017）年10月8日の公開日の写真である。本館の内部に入ると気になるのは大きなシャンデリアがいくつもぶら下がっていることである。誰しも地震の際に大丈夫かと思う。これについては、天井裏から独立した鉄骨で組まれているということで[57]、案内係の話では、東日本大震災の際も大きく揺れたが落ちることはなかった。テーブルランプなどは倒れたにしても、関東大震災でも難を逃れたものと思われる。こんなところにも地震国日本ならではの工夫がなされている。

摂政宮の動静

地震が発生した際に、摂政宮（のちの昭和天皇）は宮城（皇居）に参内されていた。地震後ほどなくして宮城の四辺から火災が迫ってきたことは、表7の記載や図19からも明らかである。侍従職「日誌」の大正12年9月1日の条に以下のような記載がある[58]。「午前十一時五十八分、破壊的の激烈なる大地震あり、摂政殿下正殿前の内庭に御避難遊ばさる、宮内高等官、内田臨時総理大臣以下内庭にて御機嫌奉伺《ごきげんほうし》、午後零時四十分引続吹上御苑広芝（観瀑亭《かんばくてい》の誤りか）に御避難遊ばされ、午后三時三十分同所御発還御《ごはつかんぎょ》」。内田臨時総理大臣というのは、内田康哉《こうさい》のことで、加藤友三郎総理大臣が8月24日に急逝したために外務大臣であった内田が臨時に総理大臣を務めていたものである。地震の翌日9月2日には山本権兵衛内閣が成立する。

摂政宮の動静は、表7の皇宮警察の活動の中でも確認できる。零時50分に吹上御苑に避難されたこと、午後3時30分に赤坂離宮に帰還されたことなどである。この間、高輪の東宮御学問所は全焼し、東宮仮御所とされていた霞ケ関離宮は危険状態にさらされて最終的には住居不可能となった。(58) このことも、表7では、午後1時30分に高輪東宮御所から出火の急報、午後4時に東宮仮御所（霞ケ関離宮）が危険との報が入るが、いずれの場合も、皇居を火災から守るのに手いっぱいで、皇宮警察が人員を差し向けることができなかったことがわかる。

赤坂離宮に戻られた摂政宮は、直後は邸内の広芝御茶屋《ひろしばおちゃや》を仮のお住まいとされた。広芝御茶屋とその付近の外灯・電気が復旧したのは9月5日のことで、それまでは摂政宮も蝋燭《ろうそく》で過ごされていた。(58) その間、9月2日の午後7時半に広芝御茶屋に金屏風を立て燭台の灯りのもとで山本権兵衛内閣の新任式が行われた。その様子は和田英作画伯による「震災内閣新任式之図」と題される油彩画で見ることができる。摂政宮は、9月7日には安全が確認された赤坂離宮（本館）に移られた。

その後、摂政宮は、9月12日に「帝都復興に関する詔書」を出されて国民に東京を復興する決意を示され、9月15日、18日には東京の被災地を、さらに10月10日には横浜、横須賀を行啓された。いずれの場合も出門、還啓は赤坂離宮である。行幸啓時の護衛は近衛の担当であり、(55) 護衛は近衛師団が務めたものと思われる。図35は東京都墨田区の横網町公園にある東京都復興記念館に残された行啓の様子を描いた絵画である。(59) 作者は徳永柳洲《りゅうしゅう》である。場所は麹町《こうじまち》五番町（現在の千代田区一番町付近）と書かれている。

図35　徳永柳洲により描かれた摂政宮による東京市内行啓の様子（東京都復興記念館所蔵資料）［文献(59)］

摂政宮は昭和天皇として即位されてからも帝都復興事業が完成する昭和5（1930）年に東京市中を行幸された。その様子は昭和10年に東京市によって建立された上野公園の行幸記念碑や平成元（1989）年に近衛歩兵第一連隊会によって建立された北の丸公園（旧代官町）の弥生廟隣地の御野立所《おのだちしょ》記念碑に刻まれている。[24]

摂政の宮が昭和天皇になられて以降、赤坂離宮は今上陛下が皇太子殿下であった昭和20年から翌年にかけてお住まいになっただけで、第二次世界大戦後は国に移管され、国立国会図書館、裁判官弾劾裁判所、東京オリンピック組織委員会などに使用された。その後昭和42年に赤坂離宮を改修して迎賓館にあてることが閣議決定され、昭和49年に竣工し現在にいたっている。なお赤坂離宮正門哨舎《せいもんしょうしゃ》が博物館明治村に移築されたのは昭和58年で、平成15年から国の登録有形文化財に指定されている。

図36　1丁目7番地にある学習院長官舎。玄関より奥が和館、手前が洋館

(3) 学習院

明治東京地震

博物館明治村1丁目のほぼ中央の7番地に学習院長官舎がある（図36）。洋館と和館をつなぎ合わせた木造二階建の建物である。春には官舎の横の桜が美しい。学習院は明治10（1877）年に華族の子弟の教育を目的につくられた学校で、元々校地は神田錦町にあった。明治17年に宮内省所管の官立学校となり、翌年女子部が華族女学校として分かれて四谷尾張町にできた。[60] その後、学習院は麹町《こうじまち》三年町に、華族女学校は麹町永田町に移転し、さらに学習院は明治23年に四谷尾張町に移転した。四谷尾張町は現在の四谷1丁目でJR四谷駅前の新宿区立四谷中学校のあるあたりである。

その後、明治27年6月21日にはいわゆる明治東京地震（M7・0）が発生した。[26] その際、学習院の本館は大きな被害を受けて使用不能となり、寄宿舎を教室に転用して授業を行うことになった。復興にあたり、四谷校地は市街地に接し、さらに鉄道の敷設（明治27年10月、甲武鉄道が新宿－牛込間で開通し四谷駅が開業）によって喧噪の地となることから、郊外への移転の話が浮上した。このため初等科のみ四谷に新築し、中等科以上は北豊島郡高田村（大正9年から高田町）への移転が宮内省によって認められた。(61) 明治29年のことである。なお、初等科が新築されたのは明治32年、尾張町に隣接する四谷区仲町2丁目・3丁目（現在の若葉1丁目）で、赤坂迎賓館（当時は赤坂離宮）の西隣にある現在の校地である。

ところが、日清、日露の戦争の影響もあってか、高田村（現在の豊島区目白）での校舎建築は遅れ、着工は明治39年となった。一方、同時期に華族女学校は学習院に合併され学習院女子部となった。学習院中・高等科の目白での新校舎建設は2年あまりを要し、明治41年に移転が完了した。

目白と乃木院長

目白移転の前年に10代目院長に就任したのが、陸軍大将の乃木稀典《まれすけ》であった。博物館明治村の院長官舎はその移転の翌年に建てられたものである。このため、院長官舎に乃木が暮らしていたかのように思われるが、乃木の時代には院長官舎は皇族寮として使われ、乃木は自ら率先して寄宿舎で起居し、寮生の指導にあたっていたといわれている。(61)

学習院は目白への移転の際に6棟の寄宿舎と病室、炊事所、寄宿舎付属家、娯楽室などを設け、中・高等科を全寮制とした。図37は目白にあった時の院長官舎、図38は総寮部の写真で、乃木が寝起きした部屋は左端の部分である。(60) 現在、目白の学習院大学構内に残る乃木室とよば

図 37　目白の構内にあったころの学習院長官舎［文献(60)］

図 38　総寮部の建物［文献(60)］。乃木希典が起居した部屋は左端の部分

れる建物は、総寮部の建物のうち乃木が寝起きしていた左端の部分だけを移築したものである。乃木は明治45（1912）年の明治天皇の崩御に伴い、御大葬の日に夫人とともに殉死した。その後を継いだ大迫尚敏院長は、大正2（1913）年に別寮と呼ばれる皇族寮を建設した[62]。この建物は東別館として現在も教室として使用されている。

震災の影響

大正12（1923）年の関東大震災の直後にまとめられた『開校五十周年記念、学習院史[62]』には、震災による学習院の被害やその後の対応が「大震火災記事」として詳細に記録されている。

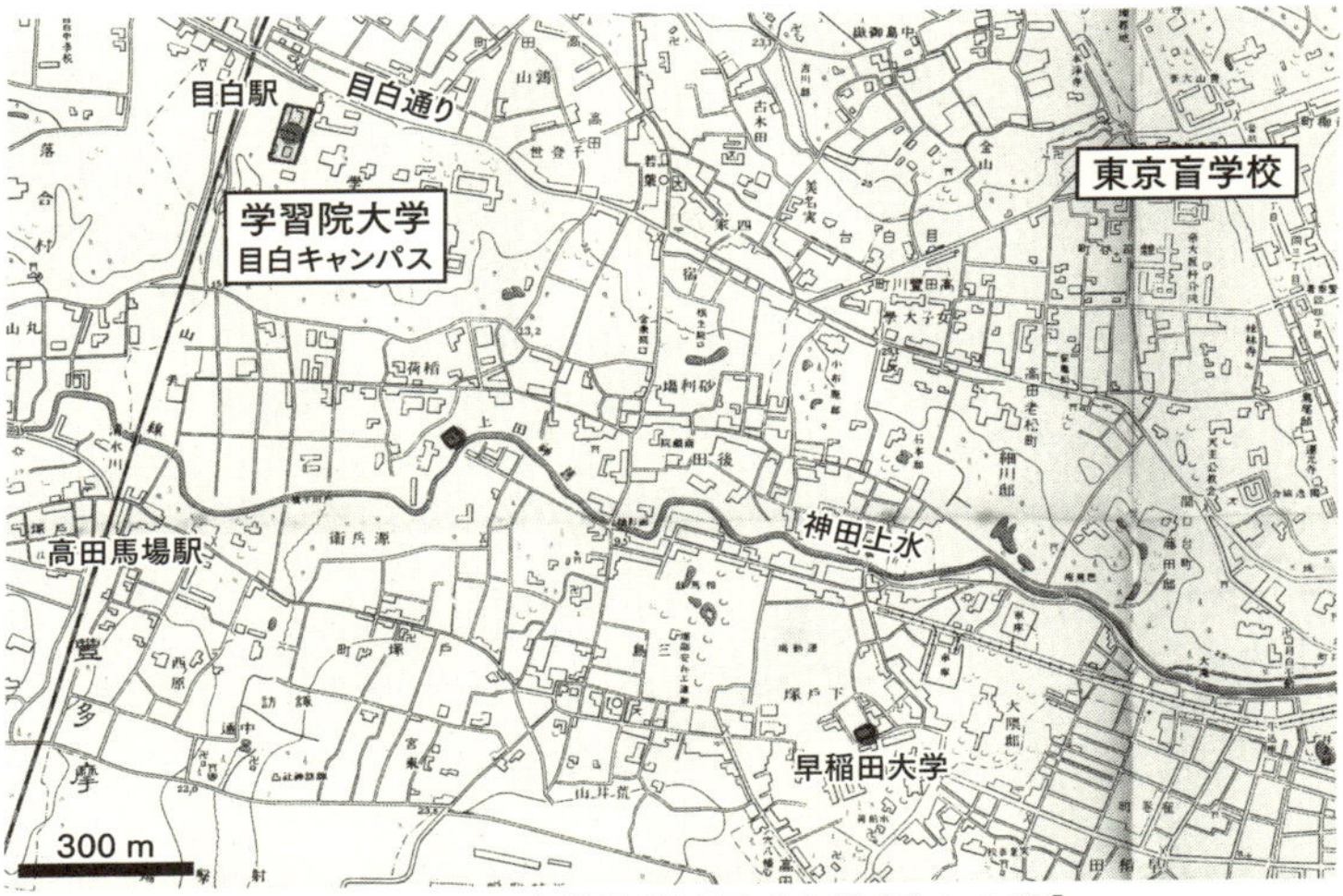

図 39　学習院目白校地周辺の火災動態地図［文献 (6) に加筆］

それによれば、目白の被害はかなり大きく、寄宿舎のうち第一寮、第二寮は大破し、図書館の書庫の三階も破壊された。その他ほとんどの建物が傾斜したり、壁が落ちたりした。また、院長官舎については直接の記載はないが、官舎はいずれも多少の被害を受けないものはなかったと書かれており、院長官舎にも何らかの被害があった可能性がある。

また、目白の校内では地震の直後に火災が発生した。理科特別教室の化学薬品室より出火し、特別教室、第二教室等合わせて4565㎡、室数にして65を焼失、多年にわたって集めた貴重な図書、標本および器械類の大部分を失った。「帝都大火災誌」[51]の一覧表によれば、発火時刻は地震直後の12時、原因は薬品で、「学習院理化學薬品室より発火す。午後二時頃鎮火す」[6]と書かれている。図39は火災動態地図である。同図にある早稲田大学や、図書館の火災で先に述べた東京帝国大学（179ページ図79）などでも火災が発生しており、いずれも化学薬品によるものである。

震災後の応急策としては、建築中であった高等科教室の完成を急ぐとともに、焼けた第二教室跡にはバラックの仮教室を建て、図書館の書庫は二階建に改装して別に仮書庫をつくることになり、いずれも大正12年末までにできあがった。(60) 図書館の一部は北別館と呼ばれて、現在も史料館として使用されている。また、第一寮と第二寮は取り壊され、第三、第四、第五寮を中等科の寄宿舎とし、別寮および官舎の一部を高等科の寮舎にあてた。

震災で焼失した理科特別教室は、大正14年9月から運動場の一隅に新築され、昭和2（1927）年3月に落成して新学年より使用した。これが現在の南一号館で鉄筋コンクリート三階建の建物である。この時期（昭和5年竣工）に建てられた建物としては同じく鉄筋コンクリート三階建の西1号館がある。また震災後の区画整理事業に伴って北側の目白通りを広げた結果、馬場と厩舎が昭和2年に現在地の南側の低地へ移転、官舎も翌年にその隣接地に移転した。(60)

救護活動

一方、震災後の救護活動に目を向けると、地震直後から被害を受けた目白付近の住民およそ100名が目白の校内に避難してきて、各自が持ち込んだテントや蚊帳《かや》を張って生活を送ったが、余震が収まるとともに数日間で全部が退去した。その間、下町からの避難者で学習院の門前を通過する多くの人々に対しては、正門前に休憩所を、厩舎門内に休憩所および救護所を設けて、校医による傷病者への応急手当を行った。[62]

これに対して、四谷の初等科は被害こそ少なかったが、周辺は目白に比べて罹災者が多かったために、9月2日には正堂および雨天体操場を開放して2000名を収容し、校内に救護事務所を設けて救護並びに警備にあたった。[62] 9月9日には収容人数は146名に減ったが、たまたま宮内省主馬寮《しゅめりょう》（『皇宮警察史』[55]の記載から図32の赤坂分厩のことだと思われる）に避難していた人々を収容することになり、12日から17日にさらに543名、その後23名を追加して総数は754名となった。

それらの人々は教室その他に収容した。警備については罹災者による自警団の他に、宇都宮・麻布の連隊、四谷憲兵司令部および初等科教職員があたり、食料などの慰問品は宮内省、四谷区救護所、警視庁から給与されたもの、被服類は四谷在郷軍人会分会より送付されたものをそれぞれ配給した。一方、罹災者の治療には当初は奈良医員（校医か？）がもっぱらあたり、清水衛生課長がこれを助けたが、12日からは愛知県岡崎救護班の手に委ねた。この他、罹災者の職業紹介、学齢児童の入学については四谷区内の小学校にこれを依頼し、また一般収容者に対しては、講話や慰安のための活動写真の映写も行った。[62] その後、宮内省と協議して罹災者の収容期限を9月末日までとし、救護所を閉鎖した。その時点での避難者は113名ですべて東京市によるバラックに引き渡した。

その間、初等科学生に対して教育の一端として、罹災児童のための救援事業を奨励し、一般学生から学用品や文具など1万9550点、在学の各殿下より762点の寄付を集め、10月28日に6年生に職員が付き添って東京、横浜両市の罹災児童にこれを配給した。また、10月15日の授業開始とともに、学習院の学生組織である学習院輔仁会《ほじんかい》によって、罹災者に対する募金事業、書籍募集、慰安事業などが行われた(62)。

なお、学習院長官舎が博物館明治村に移築されたのは昭和39（1964）年で、平成15（2003）年から国の登録有形文化財に指定されている。

【コラム③】御料車

御料車とは、皇族が鉄道で旅行する時に使用される皇室専用の客車のうち、皇族が乗車される車輌のことで、それまでは単に玉車《ぎょくしゃ》とか鳳車《ほうしゃ》と呼ばれていたものを、番号を付して整理するようになったのは明治44（１９１１）年からである。その際に6両に番号を付与し、その後12両が製造あるいは入籍され、計18両が存在した[63]。

図40　1丁目12番地にある鉄道局新橋工場内に保管されている御料車。右奥が5号御料車、左手前が6号御料車で、下はそれぞれの内部

博物館明治村の1丁目12番地（55ページ図14）にある鉄道局新橋工場の中には、図40のように2両の御料車が展示されている。右奥が昭憲皇太后御料車（5号御料車）で製造年は明治35年、左手前が明治天皇御料車（6号御料車）で製造年は明治43年である。昭憲皇太后は明治天皇の皇后さまである。普段は車輌の中に入ることはできないが、明治１５０年記念の特別公開が２０１８年3月から4月にかけてあり、車輌の内部通路から室内をの

ぞくことができた。図40の下側の写真がその際のものである。右側が5号御料車、左側が6号御料車の内部である。いずれも手前が進行方向で奥に寝室と化粧室が併設されている。

中央左側にそれぞれ天皇、皇后の御座所が設置されている。皇后さまの御座所の前には小さな足載せ台が置かれている。室内の幅は6号御料車の方がやや狭い。これは天皇の御座所の後ろ側に通路が設けられているためである。御付きの方々が天皇の前を横切ることのないようにとの配慮からであろうか。天井には西陣織の蜀江錦《しょっこうにしき》が張られ、御座所には金糸の刺繍、周りには七宝装飾や螺鈿装飾《らでんそうしょく》など日本の伝統工芸技術の粋を集めたものとなっている。これに対し5号御料車の室内は帝室技芸員の橋本雅邦や川端玉章による天井画など柔らかい印象の装飾が施されている(35)。

御料車は関東大震災時、大井工場内に保管されていた［現在も多くはJR東日本東京総合車輛センターの西エリア（旧大井工場）に保存］。『国有鉄道震災誌(64)』によれば、大井工場内で最も大きな被害を受けた建物は第一、第二の2つの御料車庫で、唯一「根本的に修繕を施す必要を認め既《すで》に根本的修繕を施行した」と書かれている。また震災直後「御料車庫二棟は煉瓦《れんが》壁に著しく亀裂を生じた。（地震が今少し強くあったら或《ある》いは崩壊の厄に遭ったかも知れなかった）併《しか》しこの場合に御料車の警備に付き適当な方法もなかったので、その儘《まま》車庫の内へ納めて置くこととした」。

幸い御料車については、第10号、第11号御料車に軽微な被害が出ただけであった。また、当時、第12号御料車が摂政宮（のちの昭和天皇）の御乗用として製造中で、ほぼ完成して塗装に回されようとしていたところであった(64)。

12号御料車は、関東大震災による治安の悪化に対する心配から御座所の両側に3㎜厚の鉄板を貼るなどの設計変更がなされ、大正13（1924）年1月に完成した。[63] なお、被害が指摘されている第10号、第11号御料車は大正11年に英国皇太子エドワード・アルバート公（後のエドワード8世）来日のためにつくられた国賓用御料車で、11号車は食堂車であった。[65]

なお、5号御料車と6号御料車が明治村に移されたのは昭和41（1966）年で、いずれも昭和34年に鉄道記念物に指定されている。

第5章　交通インフラをめぐって

(1) 新橋工場の建物

工部省鉄道寮

博物館明治村の正門そばの1丁目12番地には鉄道局新橋工場という建物があり、また4丁目44番地には鉄道寮新橋工場・機械館という建物がある(図41)。鉄道寮とは、明治3(1870)年に民部省の工業分野を移管してできた工部省の一部門で、明治4年に鉄道の所管官庁としてできた役所である。日本の近代化を急ぐ明治政府は、建設資材の多くを外国から輸入せざるを得ない状況にもかかわらず、明治2年に新橋–横浜間の鉄道建設を決定した。発展途上国であった当時の日本の国際的信用は低く、利息は9分と他国に比べ相当高いにもかかわらず、高利の英貨公債を発行して建設資金を賄った[14]。

図41　4丁目44番地にある鉄道寮新橋工場・機械館

その結果、明治5年に新橋–横浜間が開通、初めての蒸気機関車を走らせることができた。その前年に新橋駅構内に設けられた鉄道工場が新橋工場(創建当初は機関車修復所と称した)である。ここで英国から輸入した車輌を組み立てたといわれている[65]。

明治村にある鉄道寮新橋工場・機械館は新橋工場の創建当初からある建物である。図41に示すように2スパンの建物で、向かって左側の建物は明治5年の建設で、柱には「HAMILTONS WINDSOR IRON WORKS LIMITED LIVERPOOL」と刻まれている。鋳鉄柱をはじめ外壁の鉄板、サッシ等、すべての材料を英国から輸入し、英国人技術者の指導の下に建設されたことを示している。一方、右側の建物の鋳鉄柱には「明治十五年東京鉄道局鋳造」と銘が鋳出されており、この建物がその後増築され、少なくとも明治15年には舶来品を模して国産化が始められたことを物語っている[66]。

なお、鉄道は、新橋－横浜間に次いで明治7年には大阪－神戸間も開通し東西の基点ができた。明治10年に鉄道寮が鉄道局と改称されたことが、右側の建物の銘に反映されている。【コラム②】で述べたように、明治初年からの懸案事項だった日本の東西を結ぶ幹線鉄道は東海道線で決着し、明治22年に新橋－神戸間が全通した。その間、明治18年に工部省が廃止され、鉄道局は内閣直属となった。その後、民鉄の国有化も含めて国有鉄道の路線が全国に広がる一方で、鉄道局は内務省、逓信省と所管変更が相次ぎ、明治41年に内閣鉄道院となり、鉄道省に格上げされたのは大正9（1920）年のことである[65]。

図42に示す鉄道局新橋工場の建物は、先の鉄道寮新橋工場・機械館の右側半分と同様に、鉄道局時代に建てられたもので、鋳鉄柱には「明治二十二年東京鉄道局鋳造」と刻まれている。

図42　1丁目12番地にある鉄道局新橋工場

品川移転と汐留派出所壊滅

東海道線全通に伴い、新橋駅は名実ともに東海道線の起点となった。一方、先に述べたように、長年の懸案であった東京における中央駅の建設が大正3（1914）年に実現し、東京駅が開業する。その際、ルート上にあった烏森駅《からすもりえき》が新橋駅となり、それまでの新橋駅は汐留駅と改称して貨物専用駅となった。それに伴って汐留駅では増加の一途をたどっていた貨物の取扱量がさらに増え、同じ敷地内にある新橋工場の増築が許されない状況となった。(65)

このため大正4年に新橋工場を廃止して、木挽《こびき》職場以外をすべて荏原《えばら》郡《ぐん》品川町ならびに大井町（現在の品川区広町2丁目）にあった新橋工場大井派出所に移して、名称を大井工場とし、同時に新橋工場の名称を大井工場汐留派出所とした。(65) 博物館明治村にある鉄道寮新橋工場・機械館の建物もその際に大井工場に移築された。また、鉄道局新橋工場の建物は大正8年に大井工場に移築された。(66)

それから数年後に関東大震災が発生した。関東大震災による鉄道省関連の建物・工作物の被害（直接被害）は2273万円（約1100億円）と推計され、(7) 被害の詳細は『国有鉄道震災誌[64]』にまとめられている。間接的な被害を含めると被害額はさらに膨大となり、『国有鉄道震災誌』には応急復旧費ならびに復興に要する経費と益金の欠損の合算で2億1402万8千円(約1兆700億円)と記載されている。

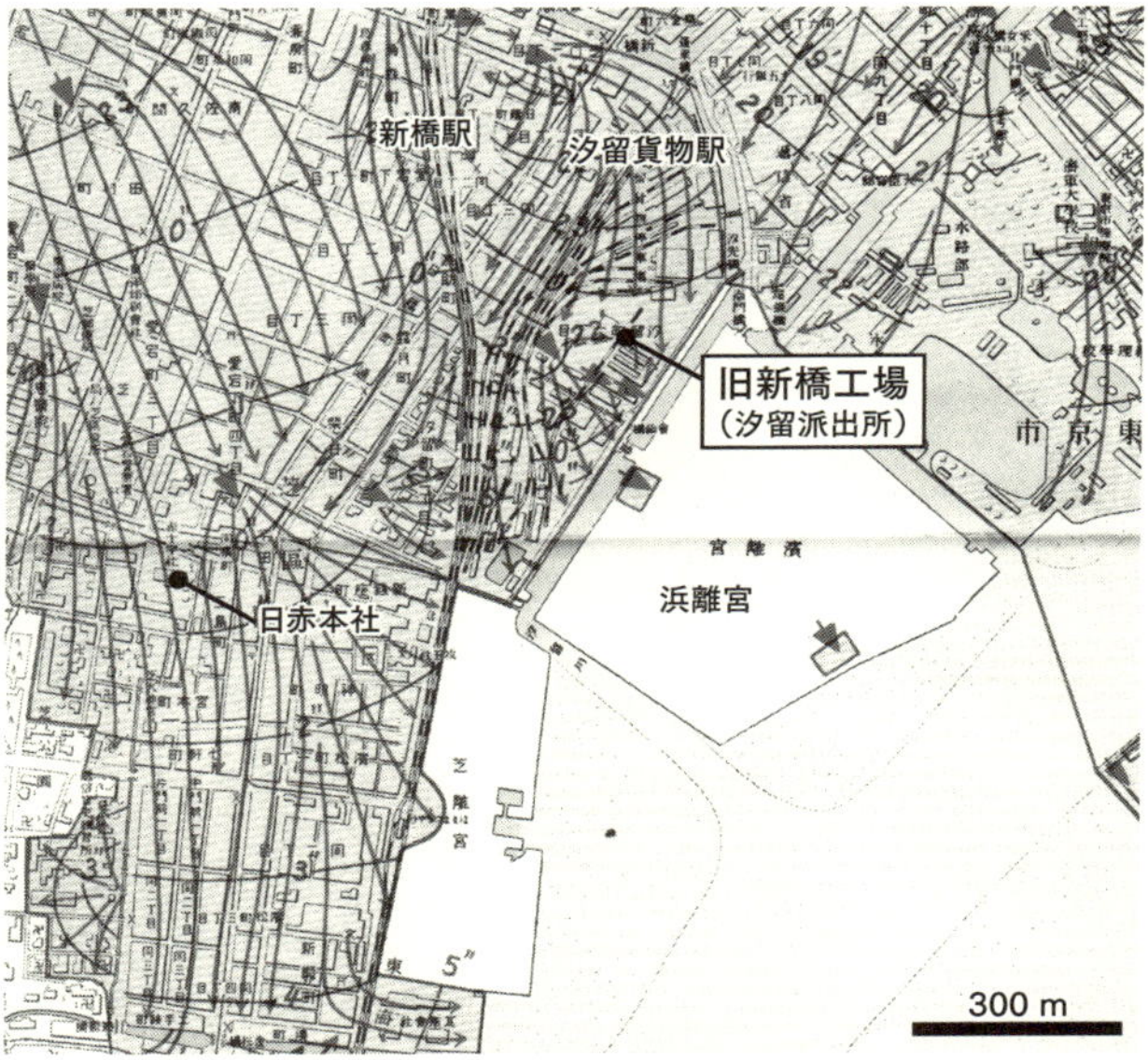

図43　新橋周辺の火災動態地図［文献(6)に加筆］

汐留派出所(旧新橋工場)の被害は、「建物、機械、材料その他関係書類とも全部焼失したから、直ちに実地踏査をなし、機械類は修繕再用し得る見込みのものが多いが、建造物は全て新築しなければならない状況であった[64]」。

図43は汐留派出所周辺の火災動態地図である[6]。火災は1日21時頃の新橋駅東側の飛び火から始まり、さらに飛び火を繰り返し、日付が変わる頃には汐留派出所をほぼ焼き尽くしたことがわかる。なお、この火災によって木挽職場も全焼し、震災後汐留派出所は廃止となり、工場の機能は完全に大井工場に移った[65]。

図44　4丁目44番地の鉄道寮新橋工場・機械館の近くにある汐留火力発電所煙突基礎

明治村に、鉄道局新橋工場の建物と御料車ならびに鉄道寮新橋工場の建物が現存するのも、震災前に大井工場へ移されていたおかげである。明治村にはこの他に、汐留派出所を偲ぶものとして、鉄道寮新橋工場・機械館（44番地）の横に明治35年に建設された火力発電所の煙突基礎部分が復原されている（図44）。この発電所の完成により新橋停車場内の必要電力のほとんどを供給することができるようになったということである。[35]

大井工場の被害と対応

次に、大井工場の被害の様子を同様に『国有鉄道震災誌[64]』より概観すると以下のようになる。

大井工場は建物の全潰や半潰などなく、火災に巻き込まれることもなかった。ただし、多くの建物で亀裂が入り、コンクリート塊が屋根を破って落下した建物や、工事中の車輌で仮台から墜落転倒するものもあった。幸い職員は一人が負傷したにとどまり死者はなかった。地震と同時に家族の安否を気遣う技工が多く、家族の安全を確認した上は再び帰場することを条件に、求めに応じて帰宅を許した。幹部は居残って被害箇所の調査と震後の災害予防に従事した。

このような中で、最も大きな被害を受けた建物が、第一、第二の2つの御料車庫であったことは、【コラム③】で述べた通りである。

博物館明治村に移築された旧新橋工場の建物が大井工場で地震によってどのような被害を受けたかについては、『国有鉄道震災誌』の記載が、職場ごとの建物被害の記載という形をとっているので、震災時にどの職場に属し何に使用されていたかを知る必要がある。

鉄道寮新橋工場・機械館の建物については情報が乏しく、後で述べるように明治村へ移築される前に用品倉庫として用いられていたことしかわからない。『国有鉄道震災誌』にある職場別の被害状況で仮に「倉庫」に対応するとすれば、被害は「屋根裏筋違《すじかい》墜落二箇所、側壁亀裂数ケ所、窓硝子《がらす》三枚破損、屋根採光窓硝子三枚破損、屋根浅野スレート三千枚破損、各樋全部取替を要す」とある。屋根トラス、窓硝子、屋根のスレートなどに被害は出たが、主要骨組みには大きな被害はなく修繕後に継続使用されたものと考えられる。

一方、鉄道局新橋工場の建物は、『大井工場90年史』(66)によれば、大井工場へ移転後、充電室、道具事務室に使われ、種々の職場にあてられたが、昭和27（1952）年から第二旋盤職場として使用されたと書かれている。また、昭和25年まで電気職場だったような記載もある。一方、『百年史』(65)には年表に、大正8（1919）年に「電気職場の建物を元新橋工場より移設」とこの建物のことが書かれており、大正12年の震災時は電気職場の建物として使用されていた可能性が高い。

関東大震災時の職場が「電気」であるとすれば、被害は「屋根裏筋違墜落二箇所同曲り五箇所、窓枠破損二箇所、窓及側面硝子二十二枚破損、屋根浅野スレート六十枚破損」と記録されている[64]。建物の屋根は、現在は銅板葺となっているが、大井工場時代はスレート葺きであった[67]。

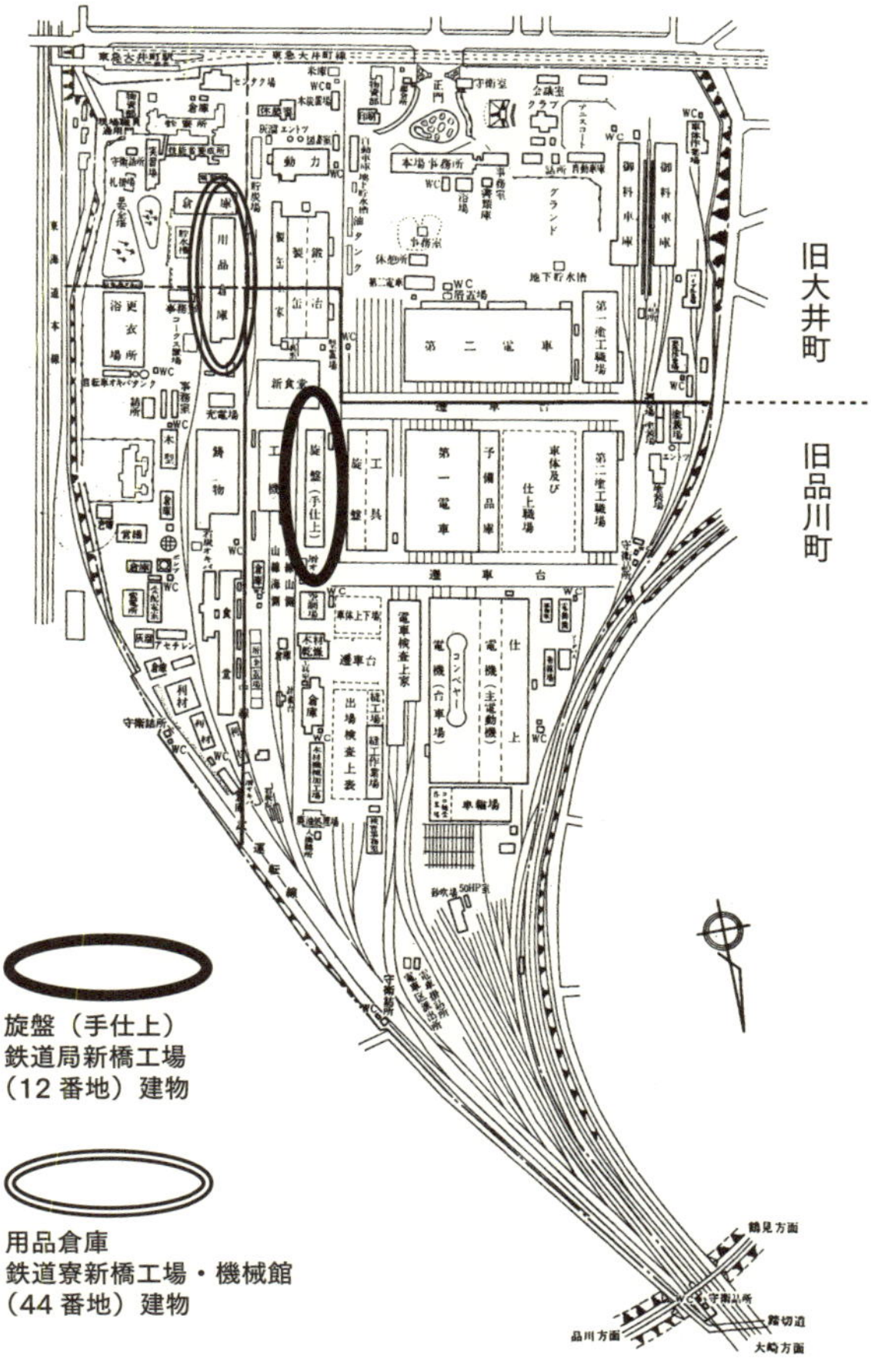

図 45　昭和 35 年頃の大井工場の建物配置図［文献 (65) に加筆］

屋根トラス、窓硝子、屋根のスレートなどにかなりの被害が出たのは間違いないようであるが、主要骨組みには大きな被害はなく修繕後に継続使用されたものと考えられる。なお、この建物も含め工場の半分を占める品川町南品川宿での推定震度は6弱であり（56、57ページ表6のNo.8）、揺れ相応の被害が出たものと思われる。

なお『百年史』には、工場自体の復旧作業の他に、国鉄の鉄路や駅舎の甚大な被害に対して、大井工場では特別作業班を設けて連日応援作業に従事したと記載されている。例えば、東海道線の馬入川《ばにゅうがわ》橋梁の復旧工事や東京駅で倒壊したプラットホームの片付復旧工事、さらには各所で脱線転覆した機関車などの車輌の引き起こし作業などである。

図46　大井工場時代の鉄道寮新橋工場・機械館の建物の写真［文献(66)］

図47　大井工場時代の鉄道局新橋工場の建物の写真［文献(66)］

図45は昭和35年頃の大井工場の地図である[65]。この時期、鉄道寮新橋工場・機械館の建物は「用品倉庫」として、鉄道局新橋工場の建物は「旋盤（手仕上）」の建物として用いられていたことがわかる。この地図は上がほぼ南になっており、関東大震災当時は、用品倉庫

の中央部より南（上）が荏原郡《えばらぐん》大井町、北（下）が荏原郡品川町であった。図46、47は大井工場時代のそれぞれの建物の写真である。[66]

なお鉄道局新橋工場の建物が明治村に移築されたのは昭和41年、鉄道寮新橋工場・機械館の建物は昭和43年で、前者は平成15（2003）年から後者は翌年から国の登録有形文化財に指定されている。

（2）隅田川新大橋

三番目に古い橋

博物館明治村5丁目の川崎銀行本店や内閣文庫が建つ高台から下を見ると、隅田川新大橋（55番地）がある（図48）。隅田川を挟んで日本橋浜町と深川安宅町《あたけちょう》の間にかけられていた鉄橋の一部である。

現在の新大橋は昭和52（1977）年に架け替えられたもので、その主塔には新大橋の由来が書かれている。[24] それに加え、文献（68）を参照して、橋の歴史をまとめると以下のようになる。

最初に新大橋が架橋されたのは、元禄6（1693）年のことである、新大橋と言っても歴史は古く、隅田川では3番目に古い橋で、「大橋」とよばれた両国橋［万治2（1659）年と寛文元（1661）年架橋の2説あり」に続く橋として「新大橋」と名づけられた。なお、一番古い橋は千手大橋で文禄3（1594）年に架橋された。新大橋の架橋にあたっては5代将軍・徳川綱吉の生母・桂昌院が、橋が少なく不便を強いられていた江戸市民のために、架橋を将軍に勧めたと伝えられている。当時の橋は現在の位置よりもやや下流側であった。橋が完成していく様子を、当時東岸の深川に芭蕉庵を構えていた松尾芭蕉が句に詠んでいる。

図48　5丁目55番地にある隅田川新大橋

「初雪やかけかゝりたる橋の上」
「有り難たやいたゞいて踏むはしの霜」

以来、新大橋は破損、流出、焼落が多く、その回数は20回を超えた。幕府財政が窮地に立った享保年間に幕府は橋の維持管理をあきらめ、廃橋を決めるが、町民衆の嘆願により、橋梁維持に伴う諸経費を町方がすべて負担することを条件に延享元（1744）年には存続を許された。維持のために橋詰で市場を開いたり、寄付などを集める他に、橋が傷まないように当時は橋のたもとに高札が掲げられた。「此《この》橋の上においては昼夜に限らず往来の輩《やから》やすらうべからず、商人物もらひ等とどまり居るべからず、車の類一切引き渡るべからず」（昼夜に限らず渡るものは休んだりせず、商人も物乞いもとどまるな、荷車は一切引き渡るな）。

その後、明治18（1885）年に新しい西洋式の木橋として架け替えられ、明治45年7月19日に鉄橋として現在の位置に新しい新大橋が誕生した。竣工後間もなくして市電が開通し、アールヌーボー風の高欄に白い花崗岩の親柱など、特色あるデザインが見られた。現在の橋の主塔には図49に示すように旧橋の姿を伝えるレリーフが掛けられている。図48と比べると、明治村にある現在の橋がいかに正確に形を保持して移設されているかがわかる。

図49　隅田川新大橋の現在の橋の主塔にある旧橋の姿を伝えるレリーフ［文献(24)］

人助け橋のいわれ

隅田川に架かる橋の大半は関東大震災時、火災によって焼け落ちたものが多かった。そのことは、表8に示す震災復興時の隅田川橋梁の動向からもよくわかる。震災後に創架された橋（影を付けたもの）を除いても、新大橋以外の橋はすべて震災後に架け替えられている。理由は、非焼失区域の木橋を除き、震火災で被災したためである。また、備考の括弧内は、震災時に橋上や橋のたもとで亡くなった人の数を示している。(69)(24) 永代橋をはじめとして多くの死者を出した橋が多いこともわかる。

表8　隅田川に架かる橋梁の建設時期［文献(24)に加筆］

橋梁・公園	建設年	震災後状況	現在の状況	備考
小台橋	昭和8年	創架	平成4年架替	復興都市計画による
尾竹橋	昭和9年	創架	平成4年架替	復興事業の一環
千住大橋	昭和2年	架替	継続使用	以前は木橋、非焼失、震災前から架替計画あり
白髭橋	昭和6年	架替	継続使用	以前は木橋、非焼失、復興事業の一環
言問橋	昭和3年	創架	継続使用	復興局による復興橋梁
吾妻橋	昭和6年	架替	継続使用	大被災、東京市による復興橋梁（死者184）
駒形橋	昭和2年	創架	継続使用	復興局による復興橋梁
厩橋	昭和4年	架替	継続使用	大被災、東京市による復興橋梁（死者141）
蔵前橋	昭和2年	創架	継続使用	復興局による復興橋梁
両国橋	昭和7年	架替	継続使用	被災、東京市による復興橋梁（死者76）
新大橋	明治45年	継続使用	昭和52年架替	被害軽微
清洲橋	昭和3年	創架	継続使用	復興局による復興橋梁
永代橋	大正15年	架替	継続使用	大被災、復興局による復興橋梁（死者669）
相生橋	大正15年	架替	平成10年架替	大被災、復興局による復興橋梁（死者33）

1935（昭和10）年以前創架のものを対象とした。
（　　）は震災時の死者数（文献69、文献24による）

そんな中にあって多くの人々の命を救い「人助け橋」と呼ばれたのが新大橋である。現橋西詰には、震災時の様子を伝える高さが5mもある大きな石碑が立っている（図50）。石碑の上部には「避難記念」とあり、碑文は本文だけで14行もある。震災当時の新大橋での様子や石碑建立の由来がびっしりと書かれている。新大橋で何が起こったかが書かれた部分を抜書きすると、以下のようになる。(24)

「新大橋の上、難を避くる数万の大衆の九死に一生を

図50　新大橋西詰にある避難記念碑

保ち得たるは実に神人一致の力と申すべきか。……大衆は橋上に御退座あらせられた水天宮、及小鯛稲荷神社、玄冶店《げんやだな》橘神社の御霊代を伏し拝み、神助を熱祷したり。又警官、在郷軍人、其他《そのた》有志の人々は、火を導く恐れある荷物を悉《ことごと》く河中に投ぜしむ。中には貴重品の物とて泣きつ、拒みしも、万人の生命には替へ難しとて、敏捷の果断なる動作は寔《まこと》に時宜を得たる処置なりき」

　人々を火災から守るうえで橋全体が鋼鉄製であったことも幸いしたが、碑文にもあるように、人々が大八車などに満載して運び込んだ家財道具を警察官の機転で、すべて河中に投げ込んだことが功を奏したということができる。(24) 江戸時代の高札で「車の類一切引き渡るべからず」とした延長線のようでもあり興味深い。

　警官の行為は、さぞや人々の反感を買ったことと思われるが、その先頭に立ったのは当時の深川区西平野警察署の橋本巡査部長であった。新大橋での出来事は今村明恒の「大地震調査日記」で、10月1日に直接西平野警察署で確かめた話として書かれている。(70) また東京都建設局が現在の橋が竣工したおりに、避難記念碑の横に建てた「『人助け橋』のいわれ」と題する石板にも書かれている。

それらを総合すると、一巡査の機転から始まった行為が、久松警察署新大橋西詰派出所の警官6名の協力を得て、一万有余の避難民の命はおろか、3つの神社の御神体をも救った。その一つ、安産祈願と子授けで有名な水天宮の入り口に立つ御由緒板にも、「関東大震災では神社も被災しましたが、御神体は隅田川に架かる『新大橋』に避難し、難を逃れました」と記載されている。[24] 避難記念碑の裏に書かれた建碑の寄付者名簿の筆頭に、水天宮社務所の名が見えるのもうなずける。水天宮は近くの中央区日本橋蛎殻町《かきがらちょう》2丁目にある。

「避難記念碑」によれば、地震後ここで九死に一生を得た人々が「大震火災新大橋避難記念会」を組織し、毎年当日に水天宮で報賽《ほうさい》の祭典を行い、同橋上に集って当時を追想してきたが、満10回を迎えて、碑を建てこれを永久に記念することにしたとある。昭和8（1933）年のことである。

なお、隅田川新大橋が架け替えのために博物館明治村に移築されたのは昭和50年で、平成16（2004）年から国の登録有形文化財に指定されている。

（3）　品川燈台

開国の試練

博物館明治村の2丁目29番地に入鹿池を望んで建つのが品川燈台である（図51）。近くに市

図51　3丁目29番地にある品川燈台

電の終着駅である品川燈台駅もある（55ページ図14）。燈台は現在、コンクリート造となっているが、これは明治村への移設時に建築基準法の強度規定を守るために変更されたもので、創建当初は煉瓦《れんが》造であった。[71] 図52は点灯時の品川燈台とお台場を描く錦絵である。[35]

安政5（1858）年に欧米の列強5カ国と結ばれた通商条約に従って各地に港が開かれたが、列強国の関税率等に対する要求はさらに厳しくなり、慶応2（1866）年に米国、英国、フランス、オランダと結んだ「改税約書」（江戸条約）の第11条に「日本政府は外国交易のため開きたる各港最寄船々の出入安全のため燈明台、浮木、瀬印木等を備うべし」という、近代的な洋式燈台（燈明台）を建設する義務を負うことになった。[72]

明治元（1868）年、徳川幕府から明治政府が条約履行を引き継ぎ、約束した全国8カ所の燈台のうち、東京湾沿岸の観音崎、野島崎、城ケ島、品川の4つの洋式燈台が横須賀製鉄所首長でフランス人のF・L（フランソワ・レオンス）・ヴェルニーのもとで、建築課長のL・F（ルイ・フィリックス）・フロランの設計によって建設された。横須賀製鉄所については【コラ

図52　点灯時の品川燈台とお台場を描く錦絵［文献(35)］

ム④】で詳しく述べる。

最も早く明治2年に完成、点灯したのが初代の観音崎燈台であり、品川燈台は、翌年に品川沖の第2台場の西端に建てられた。お台場は、嘉永6（1853）年のペリー来航以来、幕府が江戸湾防備のためにつくった海上の砲台で、品川沖から東北東に向かって、第4、第1、第5、第2、第6、第3、第7と並んでつくられたものである（ただし、第4は7割、第7は捨石のみで中止）。関東大震災当時はほぼそのまま残っていたが、現在では第3と第6の二基の台場を残し、他はすべて航路拡大で取り崩し、あるいは埋立地に包含されている。[24]

燈台のあった第2台場も今は取り壊され海底下となっている。ちなみに残った2基も第二次世界大戦後の埋め立てで周囲を陸地に囲まれ、特に第3台場は13号埋立地につながり陸続きとなっている。[24] 横須賀製鉄所とお台場は、開国に際し、試練に直面した幕府が、自力で日本を守ろうとした証しである。

明治村では、品川燈台に隣接して三重県鳥羽市にあった菅島燈台附属官舎があるが、その中

図53　3丁目30番地にある菅島燈台附属官舎に展示された品川燈台の煉瓦の刻印

で品川燈台に使われていた煉瓦が展示されている。図53のようにそれには「ヨコスカ製鉄（鉄）所」と刻印されており、当時すでに横須賀製鉄所で国産煉瓦の製造が行われていたことがわかる。一方、燈室の砲金製（銅と錫の合金）の枠やガラスはすべてフランス製で、頂上の方位を示す頭文字にもフランス語が用いられている。(35)

燈火は消えず

明治初期に建設された4基の洋式燈台のうち、野島崎燈台（房総半島先端）と城ケ島燈台（三浦半島先端沖）は関東地震で倒壊し、観音崎燈台（三浦半島先端）は倒潰しなかったが、各所に亀裂を生じ北方へ5度傾斜し、点灯は不可能になった。これに対して、品川燈台では木造官舎は倒壊したが、燈台は基礎部分が0・6m沈下し燈塔に亀裂が入ったものの、燈火は消滅しなかった。(73)先の3燈台の位置は、関東地震の震源域の直上であるのに対し、品川燈台のあった第2台場の位置はそれから外れていて、揺れがやや弱かったことも一因であろう。(2)

もう一つ倒壊しなかった観音崎燈台は、関東地震の際にはすでに2代目であった。初代の燈台は煉瓦《れんが》造りの四角い洋館建で、品川燈台同様に横須賀製鉄所で焼かれた煉瓦が使われていたが、燈台の形はかなり違ったものであった。(72) 建設から50年あまりを経た大正11（1922）年4月26日に、浦賀水道を震源とするマグニチュードM6・8の地震が起こり、(26) 初代の燈台はあえなく倒壊した。地震で被災した初代に代わり鉄筋コンクリート造の2代目燈台が大正12年3月15日に竣工したが、それからわずか半年後の関東大震災により上記のような被害が出た。それを受けて、大正14年6月1日に、現在の燈台が2代目を改築して、3代目として竣工した。敷地には記念館があり、初代の模型などが陳列されている。また、燈台の玄関には3代目のプレート、さらには、玄関を入り塔に上がる入り口には2代目のプレートがあり、震災の歴史が刻まれている。(19)

なお、品川燈台が博物館明治村に移築されたのは昭和39（1964）年で、昭和43年から国の重要文化財に指定されている。

⑷　六郷川鉄橋

京浜間から山北へ

明治政府が高利の英貨公債まで発行して建設を急いだ新橋―横浜間の鉄道に架かる大小22の橋はすべて木橋であった。英国から鉄材を輸入して組み立てていたのでは、間に合わないとい

図54　4丁目41番地にある六郷川鉄橋。複線鉄橋として創建当時の姿に戻されている

う理由からである。[35] そのため、開通の後には複線化の計画と共に耐久性に欠ける木橋から鉄橋への架け替えが進められた。六郷川鉄橋はそのような中で、明治10（1877）年11月、日本最初の複線用鉄橋として、東海道線の六郷川（多摩川下流）に架けられた。

開通式は、時の工部卿伊藤博文も出席して、盛大に行われたと伝えられている。[35] 図54は、博物館明治村の4丁目41番地にある橋の一部である（図14）。当時の橋は全長が約500mで、錬鉄製トラス桁（ポニー・ワーレン型）6連が使われていた。当時のお雇い外国人、土木技師R・V（リチャード・ヴィカーズ）・ボイル（英国人）の設計で、明治8年に英国リバプールのハミルトンズ・ウインザー・アイアンワークス社で製作され、輸入された。[35] このことは橋梁の製造元ネームプレートから確認できる。鉄道寮新橋工場・機械館の左側のスパン（図41）と同じ会社である。ちなみに「お雇い（御雇）」というのは御上《おかみ》すなわち政府が雇ったという意味である。

東海道線は昭和9（1934）年に丹那トンネルが開通するまでは、現在の御殿場線（国府津－沼津間）を通るルートを走っていた。6連の六郷川鉄橋は明治45年に、京浜間の複々線化

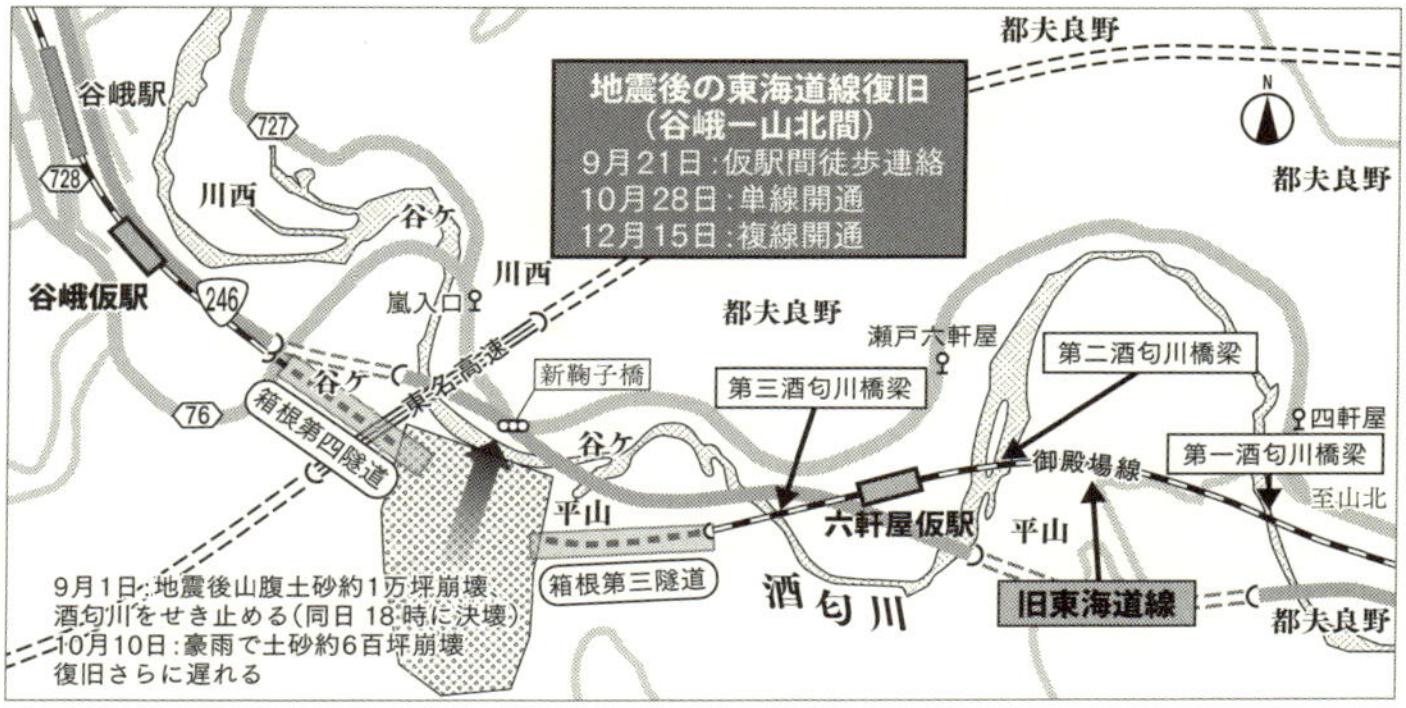

図 55　御殿場線の山北－谷峨間での震災時の出来事

に際して外され、3連ずつに分けられ、さらにそれぞれ単線化して、上下2本からなる第二酒匂川鉄橋として移設された。大正4（1915）年のことである。その際の改造は当時鉄道院の管轄であった新橋工場で行われた。[74] 移設場所は、現在の御殿場線の山北駅と谷峨駅《やがえき》（当時は谷峨信号場）の間である。その8年後に関東大震災が発生した。

山崩れの脅威

図55は、地図上に震災当時の鉄橋および隧道の位置ならびに震災時の出来事を示したものである。山北駅から谷峨方面に向かうと、山間を蛇行する酒匂川を第一から第三の3つの鉄橋で渡り、その先に箱根第三隧道と第四隧道があって谷峨信号場に到着した。図には現在の谷峨駅も記載されているが、谷峨信号場が谷峨駅となるのは昭和22（1947）年のことである。

『国有鉄道震災誌』[64] によれば、第一酒匂川鉄橋の橋脚が1フィート（約30cm）ほど沈下し、その他の橋梁にも橋台な

図 56　谷峨仮駅－六軒屋仮駅間の徒歩区間の様子［文献 (64)］

どに被害が出たが落橋するような大きな被害はなかった。一方で、箱根第三隧道と第四隧道との間では、大規模な土砂崩れが発生し、土砂は対岸まで達し一時酒匂川をせき止め、隧道の入口は完全に埋没してしまった。

このため復旧は困難を極め、第二酒匂川鉄橋と第三酒匂川鉄橋の間の六軒屋集落に山北側の仮駅をつくり、さらに第四箱根隧道を出た谷峨集落に谷峨仮駅をつくってまずは9月21日からその間を徒歩連絡とした。図56はその際の写真である。[64] 酒匂川に沿った険しい道を多くの人が大きな荷物をもって歩く姿が写っている。復旧工事は名古屋鉄道局の震災応急工事応援部隊によって行われた。10月に入り開通まで今一歩のところまで進んだが、10月10日の豪雨で再び土砂流出が起こり、結局、単線での開通は10月28日にずれ込んだ。

さらに複線開通は12月15日で、東海道線では相模川（馬入川《ばにゅうがわ》）に架かる馬入橋が落橋した茅ケ崎—平塚間と並んで最も復旧に時間を要した区間となった。なお、馬入川鉄橋の単線開通は10月21日、鉄橋完成に伴う複線開通は翌年8月15日である[64]。

復旧にあたっては再度の土砂崩れの危険性を避けるために、第三、第四の2つの隧道を含むすべての区間をトンネルとし、現在は土砂崩れの現場で列車が外に出ることはない。復旧まで上り線では、谷峨仮駅から徒歩で六軒屋駅までたどり着いた人々が、ようやく汽車に載って最初に渡ったのが第二酒匂川鉄橋ということになる。博物館明治村にある六郷川鉄橋は、中山間地での震災による山崩れの脅威を目のあたりにした震災体験者である。

図57　上り線をプレートガーダー橋にして単線化した後の第二酒匂川鉄橋［文献(74)］。下り線の3連ポニー・ワーレン型のトラスが残っている状況

その後の足取り

御殿場線は、丹那トンネルが開通し東海道線から分離されたあともしばらくは複線運転を行っていたが、第二次世界大戦時の物資不足から、レールなどの資材を他の路線の建設に転用するために、昭和18（1943）年には単線化され、不

要不急線に指定された。それに伴って第二酒匂川鉄橋は、翌年上り線がトラスのない新しいプレートガーダー橋となって使用され、下り線は使用されなくなった（図57）。下り線の鉄橋は昭和40年に撤去され、1連部分は東海旅客鉄道三島研修センター（静岡県三島市文教町1丁目）へ、他の1連部分は六郷川に架かっていた当時と同じく複線使用にし、橋台も当時を模して復元され、博物館明治村で保存されている。[74] 明治村への移築は、昭和63年で平成16（2004）年から国の登録有形文化財に指定されている。六郷川への架橋から140年あまり、幾多の改造や苦難を乗り越えて、明治村で余生を送る姿に人生を重ね合わせると、感慨ひとしおである。

【コラム④】横須賀製鉄所と産業の近代化

幕末、徳川幕府の勘定奉行であった小栗忠順《ただまさ》は、海軍力増強のため新造船所を江戸湾につくるべく通商条約を締結していた各国に協力を打診した。これに対し協力を承諾したのはフランスだった。それに基づき官営造船所を横須賀村につくることになり、慶応元（1865）年に鍬入れ式が行われた。

幕府は、「鉄を加工する所」という意味で、施設を横須賀製鉄所と名づけて建設を始めた。指導にあたったのは、後に横須賀製鉄所首長となるフランス人技術者のヴェルニーである。その後、すぐに幕府から明治政府へ政権が移行するが、横須賀製鉄所の建設は引き継がれ明治4（1871）年に第1号ドックが完成し、名称も横須賀造船所と改名した。このドックは今も在日米海軍横須賀基地で稼働している。[75]

その間に初代庁舎が明治5年に竣工した。煉瓦《れんが》造平屋建で、同時期に建った観音崎燈台や品川燈台と同様に、横須賀製鉄所製造の国産煉瓦が使われた。この建物は大正12（1923）年の関東大震災で倒壊し、その煉瓦を利用して記念に建てられた海軍工廠庁舎沿革碑が在日米海軍横須賀基地内の下士官（CPO）クラブ前に建っている[19]（図58）。

明治政府は徳川幕府から政権を奪取するにあたり、幕府や各藩がもっていた大量の借財も引き継いだ。横須賀製鉄所をはじめ韮山《にらやま》の反射炉、水戸藩の石川島造船所、佐賀藩の反射炉、薩摩藩の工場など、明治政府の官営工場の基となる一方で、借金の元にもなった[14]。殖産興業による一刻も早い産業の近代化が必要と考えた明治政府は、幕末に薩摩藩や長州藩と友好関係にあった英国を模範とし、多くのお雇い外国人を英国から招いたが、その際、当初から行われてきた横須賀製鉄所における日本人技術者の教育が大きな役割を果たした[75]。

殖産興業の中心となったのは、明治3年に設置された工部省と明治6年に設置された内務省であった。内務省管轄として有名なのは前年に建設された官営富岡製糸場である。導入した器械はフランス製で、技術指導にあたったのはフランス人のP（ポール）・ブリューナ。横須賀製鉄所首長のヴェルニーとは親しい関係の人物であった。富岡製糸場の建物は横須賀製鉄所のお雇い

図58　横須賀製鉄所に由来する海軍工廠庁舎の歴史を伝える米軍基地内の記念碑［文献(19)］

図59　鉄道寮新橋工場・機械館にある官営富岡製糸場で使われていた「ブリューナ・エンジン」

外国人だったE・A（エドモン・オーギュスト）・バスチャンに依頼して設計されたもので、横須賀製鉄所内にあった建物の中にその原型が見られるという。[75] 博物館明治村の鉄道寮新橋工場・機械館には富岡製糸場で使われていた操糸機の原動力となっていたフランス製の蒸気機関（ブリューナ・エンジン、明治初年製造）が保存されている（図59）。

一方、工部省は鉱山、鉄道、電信、燈台、造船、製鉄など広い分野を担当した。また幕府が「製鉄所」と称していたところも造船は「造船所」、機械類の製造・修理は「製作所」、鉄をつくる場所は「製鉄所」と呼ぶようになった。[76] 明治4年の横須賀製鉄所の改名もこれに基づくものである。改名された横須賀造船所は明治5年に海軍省の管轄となり、横須賀海軍工廠と呼ばれるようになるのは明治36年からである。

鉄製部材や機械の製造については、明治6年に製鉄寮を前身とする赤羽製作所（明治10年から赤羽工作分局）が東京都港区三田に設立された。[77] 赤羽製作所の工場監督は、横須賀造船所の建築課長をしていたフランス人技師のL・F・フロランである。L・F・フロランは横須賀造船所の建築課長を弟のV・C（ヴァンサン・クレマン）・フロランに任せ、明治4年に工部省製鉄寮に移っていた。これは、富岡製糸場の場合と同様に、当時としては数少ない外国人技術者が横須賀造船所に集中していたためである。[77] その後、明治7年にL・F・フロランは帰国する。

赤羽製作所は当初、鉄鉱石から銑鉄をつくる釜石製鉄所と横須賀造船所との間をつなぐ錬鉄工場として構想されたが、技術上開始にいたらず、その後は英国に倣い、赤羽工作分局として機械工場となってさまざまな鉄製品を生み出した。[78] その一つが明治村の機械館にある「菊花御紋章付平削盤《ひらけずりばん》」と呼ばれる工作機械である（図60）。この機械には「明治十二年　工部省工作分局　東

図60　鉄道寮新橋工場・機械館にある「菊花御紋章付平削盤」

図61　東京都江東区の富岡八幡宮横の遊歩道にある八幡橋

京赤羽」と書かれたプレートが貼られている。平成13（2001）年に重要文化財の指定を受けている[35]。

また、日本最古の鉄の橋として明治11年に東京市京橋区（現在の東京都中央区）の楓川《かえでがわ》に架けられていた弾正橋《だんじょうばし》も赤羽工作分局によるものである。この橋は、大正2年に新たな弾正橋架橋に伴い元弾正橋と改名、さらに関東大震災後の帝都復興事業による区画整理によって廃橋となり、昭和4（1929）年に現在地の東京都江東区富岡1丁目に移され（現在は富岡八幡宮横の遊歩道上）、八幡橋と呼ばれている（図61）。この他にも、中央区にあった明治15年架橋の高橋《たかばし》や明治

表9　明治村の建造物と横浜市で震災以前からある鉄橋の竣工年代と鉄材鋳造機関

建造物	竣功年代	鉄材の鋳造機関	備考
鉄道寮新橋工場（旧）	1872（明治5）年	ハミルトンズ・ウインザー・アイアンワークス社（リバプール）	博物館明治村で現存
六郷川鉄橋	1875（明治8）年	ハミルトンズ・ウインザー・アイアンワークス社（リバプール）	博物館明治村で現存
鉄道寮新橋工場（新）	1882（明治15）年	東京鉄道局鋳造	博物館明治村で現存
鉄道局新橋工場	1889（明治22）年	東京鉄道局鋳造	博物館明治村で現存
隅田川新大橋	1912（明治45）年	アメリカ・カーネギー社（文献35）	博物館明治村で現存
汽車道トラス橋	1907（明治40）年	アメリカンブリッジ・カンパニー（ニューヨーク）	横浜市で現存
新港橋	1912（大正元）年	横須賀船渠株式会社製造	横浜市で現存

17年架橋の浅草橋も赤羽工作分局によるもので、日本人技術者により設計された初期の鉄橋として知られている[78]。

表9は、明治村の建造物と横浜市で関東大震災以前からある鉄橋の竣工年代と鉄材の鋳造機関である。横浜市のものは文献（19）を元にした。国産の鉄製部材は赤羽工作分局以外でも作製されていたこと、多くは明治10年代の後半以降であることがわかる。一方で明治の末でも、横浜市の汽車道トラス橋や隅田川新大橋など規模の大きな橋は、国内の鉄材の生産量が乏しかったため海外からの輸入に頼っていたようである[35]。

なお、鉄をつくる製鉄所は、明治13年に日本最古の官営釜石製鉄所が操業を開始するが、満足な成果も出せず3年後に閉鎖、その後明治19年に民間製鉄所として初めての銑鉄の製造に成功し、明治34年には官営八幡《やはた》製鉄所が操業を開始する。その際、民間製鉄所として再出発していた釜石製鉄所から7名の高炉作業者が派遣された[79]。

第6章

医療・救護

（1）日本赤十字社中央病院

自然災害への対応

博物館明治村のほぼ中央、市電名古屋駅のすぐ近くの4丁目35番地にある木造平屋建の建物が日本赤十字社中央病院病棟である（図62）。赤坂離宮と同じく片山東熊《とうくま》の設計で、図63のように元は中庭を囲む分棟式の木造様式病院で、その一部が移築されたものである(35)。

図62　4丁目35番地にある日本赤十字社中央病院病棟

日本赤十字社のはじまりは、明治10（1877）年に西郷隆盛が九州で挙兵した西南戦争の際、敵味方の区別なく傷病兵の救護にあたった博愛社であるといわれている。明治19年に日本政府がジュネーブ条約に加盟、翌年に日本赤十字社と名を改めた(80)。

元々、病院は博愛社病院として東京市麹町《こうじまち》区飯田町4丁目（現在の千代田区飯田橋3丁目）にあったのが、博愛社から日本赤十字社に社名変更したのに伴い、日本赤十字社病院と改称、その折に皇室から渋谷の御料地の一部と建設資金10万円が下賜され、明治24年に病院を現在地の渋谷区広尾4丁目（当時は東京府豊多摩郡渋谷町）に新築移転した。なお、日本赤十字社中央病院と改称するようになるのは昭和16（１９４１）年のことである。[81]

日本赤十字社が誕生した翌年の明治21年7月に発生したのが福島県磐梯山の噴火であった。その際、国際紛争解決に向けた人道組織であった赤十字社を、自然災害にも活用すべく政府に願い出て、赤十字社として国際的にも例がない戦時以外の活動が実現、すぐさま救護班を現地に派遣、救援活動を行った。日本赤十字社は、その翌年に日本赤十字社看護婦養成規則を制定し、看護婦を養成することを決め、１８９０年に一期生10人が入学、その翌年の明治24年に発生した濃尾震災にあたっては、その10人と従来いた看護婦10人、計20人が救護班に加わり、医師10人と共に救護活動にあたった。[80]

その後、日清戦争（明治27－28年）時に初めて国際紛争の医療救護班を戦地に送り出し、日露戦争（明治37－38年）、第一次世界大戦（大正3－7年）にも救護班を派遣し、大正12年の関東大震災を迎えることになった。その間大正11（１９２２）年に日本赤十字社産院が開設されている。[82]

図63　移築直前の日本赤十字社中央病院病棟の様子（博物館明治村展示写真に加筆）

本社の焼失

震災当時、広尾の日本赤十字社病院・産院の他に、日本赤十字社の活動を統括する本社が当時の芝公園5号（現在の港区芝大門1丁目）にあり、東京支部が有楽町の東京府庁内（旧東京都庁で現在の東京フォーラム）にあった。本社には明治45（1912）年に妻木頼黄《よりなか》により設計された本館をはじめ倉庫などがあった。

本社では、地震直後、鉄骨煉瓦《れんが》造の本館ならびに倉庫には壁の亀裂が多少入った程度でほとんど被害はなかった[83]。このため、直後から付近の罹災民が負傷者や老幼婦女を助けて続々と避難してきた。震災時の様子は『大正十二年関東大震災日本赤十字社救護誌』[46]（以下『救護誌』と略す）に詳しく記されている。それによれば、構内はすぐに避難者で満杯になり、直ちに構内および表門前に天幕数張を建設して避難者の収容にあたった。また負傷者に対しては構内に救護所を設け、広尾の日本赤十字社病院（以下「中央病院」と呼ぶ）より看護婦数名の来援を求め、本社職員の手によって応急処置をした者は60余人におよんだ。

夜に入ると避難者の数は一層増え、運び込まれた家財などで構内は立錐の余地もない状況となった。一方、市内随所に起こった火災はしだいに延焼範囲を広げ、赤坂方面から延焼しつつあった猛火が日付の変わる頃に愛宕山《あたごやま》から愛宕町に出でて、他方、新橋方面から宇田川町に延びた火災と合流して火勢を増し一気に本社前面に襲来した。構内に入った火はたちまち避難者の荷物に燃え移り、これが導火線となって本館、倉庫、その他の付属建物が一時に類焼した

（109ページ図43）。

折から水道断水のため、傍観するほかなく、ついに翌2日午前2時にはわずかに文庫、薪炭《しんたん》庫《こ》の二棟を除いてすべて焼失した。損害高は67万6800余円（約33億円）にのぼった。このため、直ちに仮事務所を広尾の中央病院内に設けて、被災地の支部および病院・産院に督励し、応急救護にあたらせるとともに、全国支部に対して救護班の応援を要請した。

なお、鉄筋コンクリート造の被害をまとめた報告書(45)によれば、本社の建物として日本赤十字社参考館（鉄筋コンクリート造一部鉄骨造）の被害として「工事中なりし建物にして、鉄筋コンクリート部分はコンクリート打終り鉄骨部分は鉄骨組立て、床の鉄筋コンクリートを打終りたるのみなりしが、鉄骨造と鉄筋コンクリート造部分との接合部分の床及び階段附近に罅裂《かれつ》を認めたり。火災の被害軽微」とある。この建物は大正15（1926）年に完成。さらに車庫（鉄筋コンクリート造）として「震火災による被害を認めず」と記載している。『救護誌』がいう「(本社は) わずかに文庫、薪炭庫《しんたんこ》の二棟を除き全部焼失の厄に罹《かか》れり」と対応させると、文庫は参考館、薪炭庫は車庫であろうか。

中央病院の状況

中央病院での建物の被害について、『救護誌』には、本震の揺れにより煉瓦《れんが》造の本館はほとんど全潰し、手術室、蒸気機関室等、崩壊が著しく、周囲の煉瓦塀も大半が倒壊して屋根瓦の

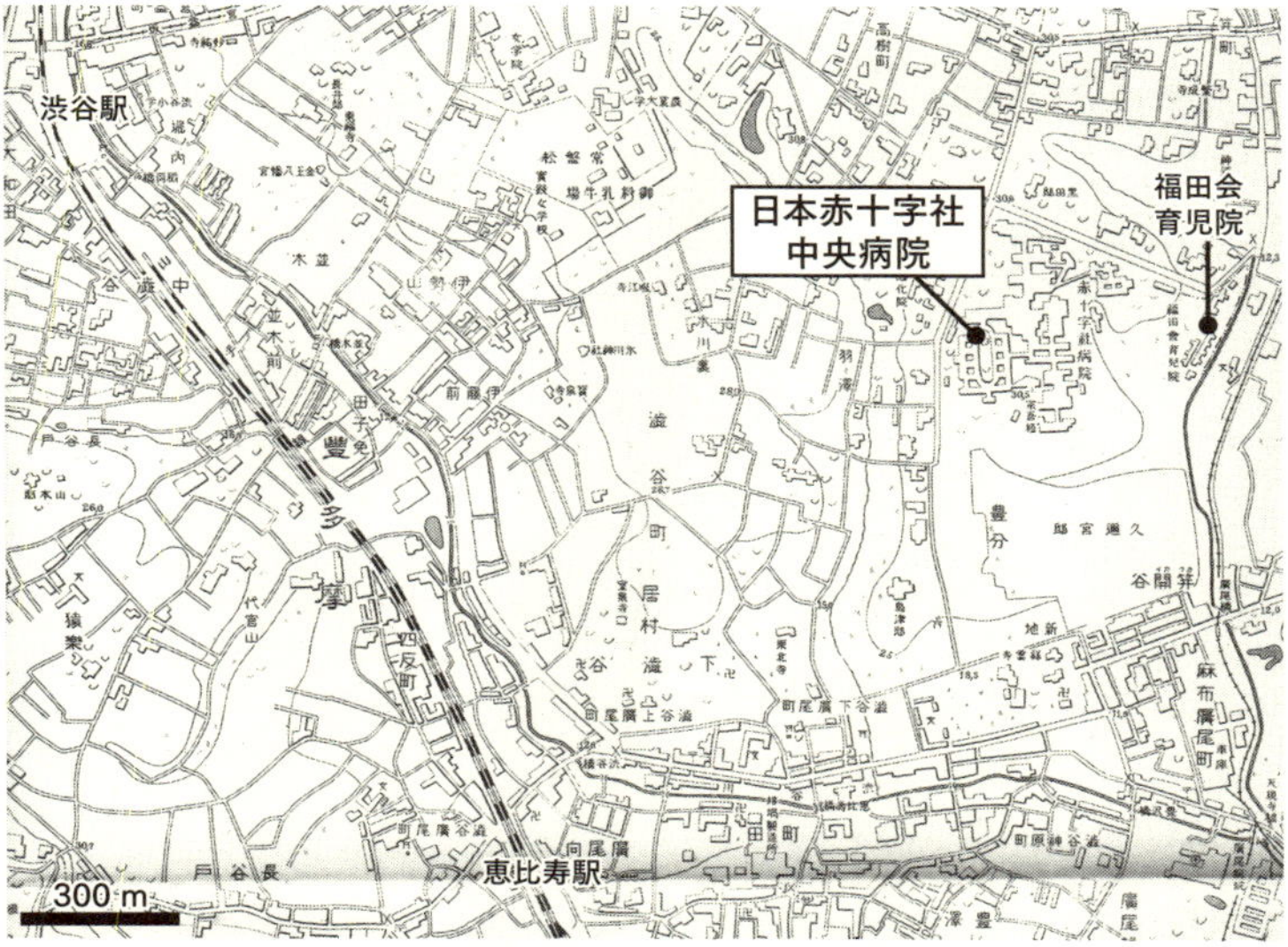

図 64　広尾の日本赤十字社中央病院周辺の火災動態地図［文献 (6) に加筆］

剥落も多く生じたが、鉄筋コンクリート造の新外来診察所ならびに木造の病棟（博物館明治村にその後一部が移築されることになる）は震害を免れたと記載されている。さらに、患者および職員中にも死傷はなく、火災地域と離れていて類焼も免れたため、ただちに罹災傷病者の収容救療に従事することになったと述べている。

『救護誌』をもとに、中央病院の活動の概要をまとめると以下の通りである。中央病院の位置を地図上に示すと図64のようになる[6]。

中央病院では、地震直後、御真影《ごしんえい》（天皇・皇后のお写真）を安全な位置に奉置し、各部屋の火元を確認し、「入院患者無事」の掲示を正門にはった。その後、糧食、給水、灯火の準備、天幕の建設、各物資の調達等に着手して、概況を本社に報告した。また、先に指摘したように職員の一部を本社および東京支部救護所に派遣した。

地震の際、中軽症者の一部は屋外に出、他は職員の指示により看護婦などに助けられて屋外の空き地に出た。病室勤務の看護婦、同生徒はただちに病室に参集して患者の保護に努め、重篤の患者に対して随時搬出の準備を整へ、いざという時に備えてそれぞれ数名の看護婦を待機させた。夜に入り帝大地震学教室が発表した続発性の大地震ではないとの予報により患者を室内に入らせようとしたが、なおも恐怖のために数日間蚊帳《かや》をつって屋外に避難する小児科患者も見られた。

次に震災による傷病者については、まず外来診療所玄関前に天幕を張って来院者に対して応急処置を施し、余震がやや鎮静化した後は、主として診療所内において治療し、重症者はこれを病室に収容した。

東京支部救護所（東京支部が府庁前に地震後すぐに開いた臨時救護所）をはじめ市内救護所（最終的には51ヵ所にのぼる）に、多数の患者がいることを知るが、不幸にして運搬力がなく適切な対応がとれなかった。本社より患者用自動車一台の交付を受けていたが、輸送力は十分でなく、さらに追い打ちをかけるように、東京電機株式会社における多数の死傷者の収容を求められた。その際、大倉洋紙店の大倉邦彦氏より貨物自動車の無償提供があり、さらに本社ならびに官憲により自動車の貸与、ガソリンの供給を受けたことで、9月4日に患者収容班を編成し、日々各方面に出動して患者の収容に従事した。期間は約一ヵ月、班の出動64回、取扱患者501名に達した。また、それに加えて救護所や個々の判断で、続々と患者が運び込まれ、病院はあたかも戦場のような光景を呈した。それに加えて付添い人や見舞人なども次々来院し、これらの人々も住宅焼失のために患者と共に病室に宿泊することになった。

人々は、一様に暴動惹起《じゃっき》の流言におびえ、皆棍棒《こんぼう》や洋杖《すてっき》等を携へ、さらに被服や身体が煙塵に汚れ、靴のまま病室に出入して、廊下は雑沓して患者輸送と診察看護に障害を受けることになる。このために収容部屋は入室人員制限を行い、やむをえない場合と認めた者の他は一時面会を謝絶した。

その際、外来診療所玄関および受付を収容部とし、来院者の受付その他を区分して外来者の入室を制限し、院内の静粛を保とうとした。それでも患者の不安は容易にぬぐい去り難き状況であったために、衛兵の配属を申請した。9月6日より歩兵第15連隊（高崎）、14日より歩兵第65連隊（会津）の1分隊を10月9日まで派遣してもらい院内の安寧を保持することができた。

上記のような非常収容に際して、当然のことながら病室の不足が問題になった。このため、まず震災前より在院していた患者の移動を行い、病室以外の諸室等を整理して収容力の倍加をはかり、次いで隣接する福田会育児院（『救護誌』では孤児院）の一部を一時分院として使用させてもらった。それでも病室が不足したため、10月中旬ごろまでに構内に臨時病舎を建設した。臨時病舎にはまず福田会分院の患者を収容し（分院は10月23日に閉鎖）、次いで本院に収容していた患者を移し、内科、外科、小児科その他の室を分けて業務をしだいに整頓した。本臨時病舎は他のバラックと異なり、入院者も普通借家並みの家に居るとの感想をもつほどで、院内では特にこれを新病室と称した。

このように、本院および新病室はもっぱら罹災患者を収容したが、罹災地における救護機関がしだいに整備されるのに伴って大正13（1924）年1月以降は、本院は常務に復して一般患者を取扱うことにし、罹災患者はできるだけ新病室に収容することにした。また外来患者は一般および罹災の両者ともすべて本院で診療した。なお、罹災者かどうかは自己申告とした。

以下は、諸設備の復旧状況である。

水道開通　9月4日
電燈点火　9月9日
蒸汽開通　9月17日
瓦斯《がす》開通　9月13日
院外に通ずる臨時電話開通　10月28日

ここで、水道開通が他に比べて一段と早い理由についてはあとで説明する。

産院の状況

中央病院の敷地には産院もあった。『救護誌』(46) によれば、産院の建物には著しい被害はなく、被害は煉瓦塀《れんが》の崩壊や亀裂にとどまった。9月1日の地震の際には産院では外来診療を終わり、入院妊産婦ならびに職員の多数は昼食中であった。地震発生と同時に、ただちに薬品の処置および湯沸所の消火を命ずると同時に、在院者の救助搬出に全力を尽くし、院外の雑木林中に無事避難救出した。その際、産婆、看護婦は極めて冷静で、分娩直後のもの6人。重篤の併発症があるもの4人、すでに産室に入りまさに分娩するものが2人いたが、とにかくこれを搬出して、林中において無事分娩を遂げさせた。

9月1日午後7時頃、罹災妊婦1人が来院し救助を求めてきたので直ちに収容した。2日にも余震があり、在院者の不安が続いていたため雑木林中に雨露をしのぐ程度の避難所を仮設して来院した罹災妊婦4人を収容したが、同日午後7時頃より暴徒来襲の警報が頻繁となり職員全部が警戒にあたった。

その後、物資が欠乏し、特に治療用消耗品の予備が少なく、事務員が物資確保のため奔走すると共に、物資の節約を励行し分娩用材料は患者職員各自持合せの衣類またはカーテン等も場合によっては煮沸消毒し用いることにした。このような状況下で罹災妊婦および乳幼児の来院救護を求めるものが増加し、非常収容の準備を行った。

非常収容準備としては妊婦待合室、応接室、会議室、付添人食堂、その他二個収容室の半部に畳を敷き、全収容力を90床とした。さらに仮収容舎の建設を9月7日に本社に申請し、9月27日には産院構内正門の西側に鉄板葺木造平屋建1棟が竣成。60名の収容を確保し前記の90名と合わせて収容力は150名となった。本院所在地付近は地震火災の被害はなかったが、渋谷、広尾、品川等の方面に一時親戚知巳を頼って避難してくる罹災民は数万を超え、臨時救護開始後幾日も経たずして収容室は満員となってしまった。往診外来診療を請う者もまた増加し、さらにその他、罹災地の救護所などから妊産婦の送致を受けるなど多忙を極めた。

救護活動の総括

震災時の日本赤十字社の活動を総括すると、[82] 被災者救護のために本社が設営した救護機関は、常設の赤十字病院および産院の他191カ所に達し、これらの臨時的機関は大正13（1924）年3月末日までに逐時閉鎖したが、中央病院、産院は同年6月末まで被災者救護を継続した。

東京では、中央病院、産院のほか、臨時病院4、臨時伝染病院2、臨時産院・乳児院3、臨時児童収容所1に加え、51カ所の臨時救護所が設けられた。救護所では北海道から鹿児島にいたる国内の全支部はもちろん、遠く朝鮮、満州からも医師、看護婦その他が参集し、支部ごとに83の救護班に分かれて、一週間前後の日数でかわるがわる救護にあたることで活動を継続した。

全体の活動を総合すると、9月1日から救護した被災者の総数は、実人員で56万2381人、延べ人員で206万7500人に達した。この救護活動に従事した日本赤十字社の職員その他は、総数4466人で、そのうち直接救護にあたった救護員は3561人であったから、これを被救護者の総延べ人員に割り当てると、1人あたり581人に相当する。全国から動員されて東京、神奈川地方の臨時救護所等の勤務にあたった救護班の班員は1663人（うち医員256、薬剤員8、書記130、看護婦長72、看護婦1152、看護人長2、看護人43）であった。また、これらの震災救護に従事中、疾病のため加療した者は69人で、そのうち、不幸にして6人が死亡した。[82]

以上の活動を取りまとめたのが、仮事務所を広尾の中央病院内に移した本社に設けられた臨時震災救護部である。[46] 9月6日に理事会、9日に常議会を招集して500万円（約250億円）の震災救護予算を議決した。また、臨時震災救護部は、米国からの救援団との連絡をはかるために、9月18日に帝国ホテル内に臨時救護部出張所を設けた。海外からの救援については【コラム⑤】で詳しく述べる。

ここまで述べてきたように、日本赤十字社中央病院は、関東大震災では最前線で被災者の救護にあたり、また昭和に入ると、満州事変、日華事変から第二次世界大戦と引き続く戦争での救護活動に多くの医師や看護婦を送り出し、少なからぬ犠牲者を出した歴史がある。博物館明治村にある日本赤十字社中央病院病棟はそれらの活動を支えてきた生き証人である。そのことを胸に刻みつつ見学をすると、おのずから厳粛な気持ちになることだろう。中央病院病棟の明治村への移築は昭和49（1974）年で、相前後して昭和47年に中央病院と産院が統合されて現在の日本赤十字社医療センターとなった。[81] 建物は平成16（2004）年から国の登録有形文化財となっている。

（2）機械館の「ゐのくち式渦巻ポンプ」

図65　鉄道寮新橋工場・機械館にある「ゐのくち式渦巻ポンプ」

東京の水道

博物館明治村の4丁目44番地にある鉄道寮新橋工場・機械館（106ページ図41）は明治の機械類の展示場となっている。そのうちの富岡製糸場で使われていた「ブリューナ・エンジン」（図59）と重要文化財の「菊花御紋賞付平削盤《ひらけずりばん》」（図60）は【コラム④】で紹介した。もう一つ、関東大震災から東京市民を守ったというエピソードをもつ機械がある。水道復旧に大きな役割を果たした「ゐのくち式渦巻ポンプ」である（図65）。

エピソードを語る前に、東京市の水道の歴史について簡単に説明する。[84] まず、江戸の上水のおこりは天正18（1590）年に徳川家康が井の頭池からの流水をひい

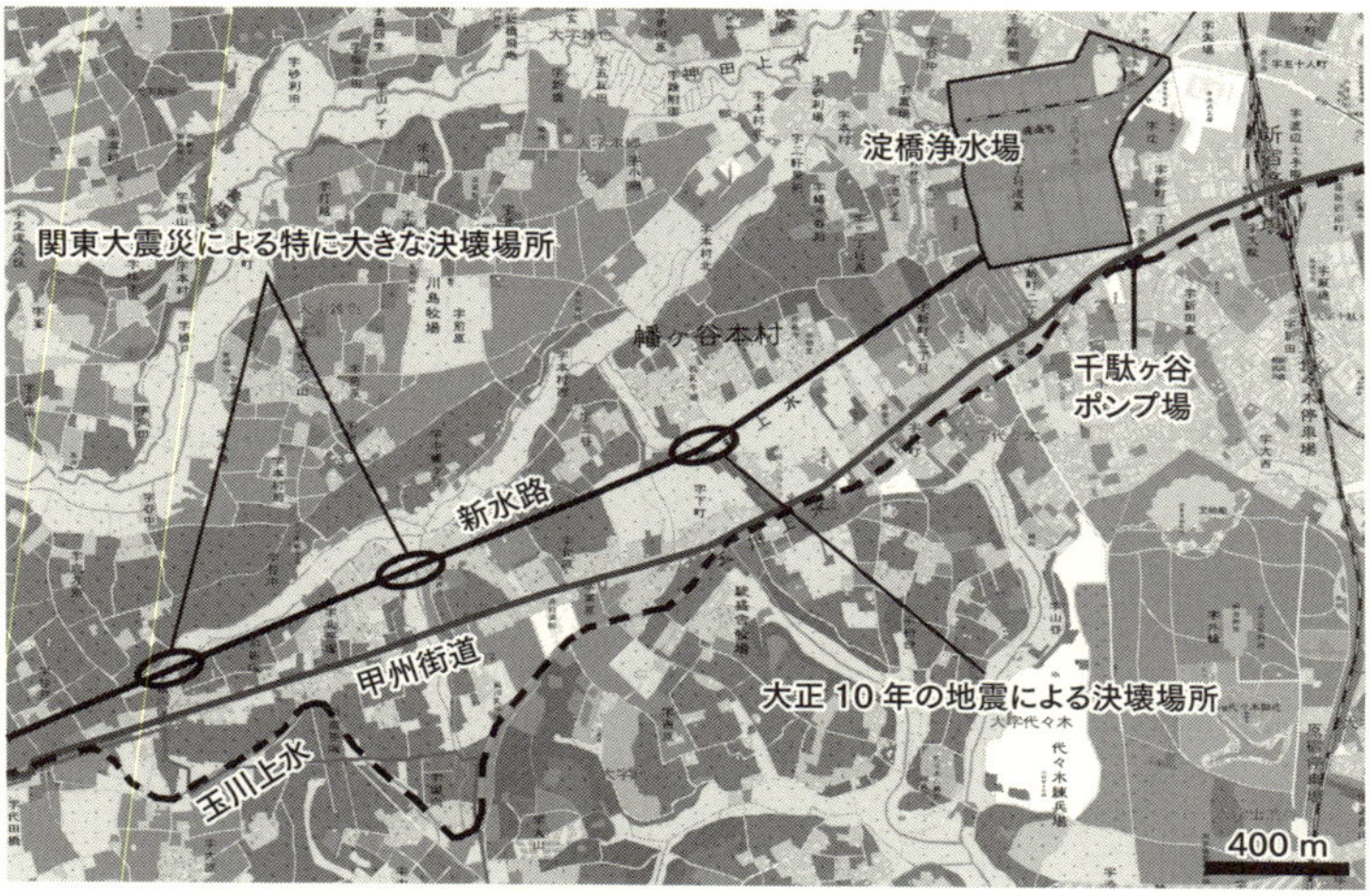

図66　玉川上水、新水路、甲州街道と淀橋浄水場［文献（85）に加筆］（画像提供：一般社団法人地歴考査技術協会）

たことに始まるといわれている。後の神田上水である。その後も市街地が広がり用水が不足したので、多摩川の羽村（現在の東京都羽村市）から水をひく玉川上水が承応3（1654）年につくられた。これらはいずれも自然の流水をひいて木管などで配水していたものである。したがって、雨が降ればすぐに濁るという代物であった。明治維新後、政府は伝染病の蔓延を防ぐためにも早期の近代水道の敷設が必要であったが、多額の工事費用の問題などもあり、負担の増大と水道技術への不信を抱く住民からの反対もあって、近代水道の起工式が行われたのは明治26（1893）年のことである。

工事の内容は、玉川上水を利用して現在の新宿駅西口に淀橋上水場をつくり、そこへ水を引いて濾過し、東京市内各地に鉄製の水道管をめぐらして配水するというものであった。その際、杉並区の代田橋付近で玉川上水から分水して新水路をつくり、淀橋浄水場へ真っ直ぐに水を引くことにしたのである。通水は明治31年のことである。図66は明治40年頃の地図[85]であるが、元の玉川上水、新水路、淀橋上水場などが確認できる。

竜ケ崎地震

通水から23年が過ぎた大正10（1921）年12月8日に茨城県の竜ケ崎付近で地震が発生した。M7・0の竜ケ崎地震である。[26]この地震で新水路の一部が決壊し付近一帯で大氾濫を起こし、3日間にわたって東京市全市で断水するという事態が発生した。場所は豊多摩郡代々播村付近（現在の渋谷区本町）である。決壊場所も図66に示す。

その前年の大正9年に東京府荏原郡《えばらぐん》品川町（現在の品川区）に最新鋭の工作機械を備えた大崎工場を創設し、株式会社荏原製作所を設立したのが畠山一清であった。[86]畠山は明治39（1906）年に東京帝国大学の機械工学科を卒業した。その後、恩師の井口在屋《いのくちありや》博士のすすめで国友機械製作所に入社する。国友機械製作所は井口博士の開発した「ゐのくち式渦巻ポンプ」を開発する会社であった。国友機械製作所はその後倒産するが、畠山は明治45年、銀座に「ゐのくち式機械事務所」を立ち上げ、その後業績を伸ばして荏原製作所を設立している。

水道復旧の功労者

畠山は、竜ケ崎地震による東京市の断水を目のあたりにして、一本の用水（新水路）に依存する状況に危機感を抱き、市長に予備設備の必要性を進言した。しかし、役所は資金不足をたてに動こうとしない。業を煮やした畠山は、自費で玉川上水の千駄ケ谷ポンプ場（図66）に「ゐのくち式渦巻ポンプ」8台を提供して予備設備をつくったのである。[87]

土果たせるかな、大正12（1923）年9月1日の関東大震災で玉川上水も被害を受けた。土木学会の調査報告書[88]によれば、取水口の羽村（西多摩郡西多摩村）から代田橋（豊多摩郡和田堀内村）付近までの旧水路は、多少の被害はあったが通水は可能であった。ところが新水路は、代田橋に近い第14号橋（笹塚付近）と新宿よりの第3号暗渠付近（幡ケ谷付近）の二カ所で堤防決壊などの大被害となり、他にも各所で被害が生じて通水不能に陥った。大きな被害が出た二カ所の位置も図66に示す。ここで活躍したのが、代田橋より下流の旧玉川上水である。折から唯一送電可能であった猪苗代《いなわしろ》水力電気会社の電力を用いて畠山によるポンプを起動、千駄ケ谷ポンプ場から淀橋浄水場に水を入れた。これによって9月3日午後5時に、それまで浄水池に残留していた水で細々と配水していた状況が解消された。[84] 日赤中央病院で水道が9月4日から使えたのはおそらくそのおかげである。

「ゐのくち式渦巻ポンプ」と畠山一清の行動力が東京市民の水を守ったのである。新水路の応急復旧により、ようやく全水路で通水を開始できたのは9月13日のことである。[84] その後、新水路は地震に弱い東京市水道のがんともいわれ、それを廃し甲州街道の拡幅工事に伴い水路を暗渠化した。通水は昭和12（1937）年7月のことである。なお、新水路跡は現在道路となり、「水道道路」とよばれている。また旧玉川上水には遊歩道が築かれ、流れに沿って都民の憩いの場となっている。

博物館明治村にある「ゐのくち式渦巻ポンプ」は明治45年に国友機械製作所でつくられたもので、荏原製作所から寄贈されたものである。平成19（2007）年に日本機械学会より機械遺産第9号に認定されている。現地説明板によれば、昭和40年代まで千葉県栴沼揚水機場《けたぬまようすいきじょう》（千葉県香取郡東庄町《とうのしょうまち》）で用いられていたもので、関東大震災の際に活躍したものかどうかはわからないが、少なくとも同型のポンプが東京市民の命を守ったことに間違いはない。

（3）北里研究所

伝染病研究所

博物館明治村の2丁目、3丁目の境に市電京都七条駅があり（55ページ図14）、そこから3丁目の坂をしばらく上ると左側に八角形の尖塔を頂く木造二階建の洋風の建物が見える（図67）。北里研究所本館・医学館である。北里柴三郎が大正4（1915）年に芝区白金三光町138番地（現在の港区白金5丁目）に建てた研究所の本館である。[35]

図67　3丁目25番地にある北里研究所本館・医学館

北里柴三郎は、明治18（1885）年に衛生学術調査のため政府からドイツに派遣され、ベルリン大学のR（ローベルト）・コッホ教授の下に留学して貴重な数々の研究業績をあげた。北里は明治25年にドイツから日本に帰り、福沢諭吉らの支援を得て芝区芝公園5号3番地に我が国最初の伝染病研究所（私立伝染病研究所）を開設して所長となり、当時猛威を振っていた多くの伝染病の撲滅と著しく遅れていた公衆衛生の向上に挺身した。[89]

その間の明治26年、福沢諭吉の私有地である芝区白金三光町128番地（現在の港区白金5丁目）に、わが国最初の結核サナトリウム「土筆ケ丘《つくしがおか》養生園」（養生園）を設立した。また、明治27年には内務省用地を借り受け、私立大日本衛生会所属の伝染病研究所として芝区愛宕町に移転、明治32年には伝染病研究所を国に寄付した。この結果、伝染病研究所は内務省所轄の国立伝染病研究所となり、その7年後の明治39年に同じく白金三光町（現在の港区白金台4丁目）に移転した。その間、北里は引き続き所長を務めていた。[90]

反骨心の賜

これとは別に北里柴三郎が医学および公衆衛生領域に関する公益研究機関として創立したのが北里研究所である。定款には「各種疾病の原因及び予防治療方法の研究並びに治療施設及び教育施設の設置運営を行うことにより国民保健の向上に寄与する」と記されている。(90)

図68　創建当初の北里研究所［文献(89)］

研究所の創立は、大正3（1914）年10月9日に政府が行った行政整理に端を発している。(90) 政府は行政整理のため伝染病研究所の所管を内務省から文部省に移し、さらに東京帝国大学医学部の下に置くことに決した（大正5年に帝国大学付属となる）。これに対し、北里は以前から日本の現状では国の伝染病研究所は単なる研究機関にとどまることなく、国の伝染病対策、公衆衛生施策の審議機関でもあるべきであるとしていた。そのため大学では講座制のこともあり一体的、機動的に即応することができず、また所管が文部省では、得た研究成果を直ちに実地に反映させることも困難であり、伝染病研究所の所管は内務省でなくてはならないと考えていた。

このため、北里は素志に反する政府決定に承服することができず、創立以来22年間育ててきた伝染病研究所を去ることにし、11月5日に所長の職を辞した。同時に北里を慕い共に辞職して来たすべての部長、副部長、助手その他を率いて、養生園の隣地（芝区白金三光町138番地）に北里研究所を創立したのである。新研究所発足後ただちに着工されたのが博物館明治村にある本館で、大正4年に竣工した。図68は創建当初の北里研究所である。[89] 関東大震災が発生する8年前のことであった。

震災の影響

震災時の火災動態地図に、北里研究所、養生園、伝染病研究所の位置を示すと図69のようになる。[6] 周辺部では高輪御所以外に火災はほとんど発生していない。北里研究所では震災による被災はほとんどなく、被災者の救護に尽力し、養生園にあった百畳敷の娯楽室に被災者を収容した。[90]

一方、伝染病研究所（現在の東京大学医科学研究所）の建物の被災は大きく、二階建煉瓦《れんが》造の本館（明治38年建築）は各所に亀裂が入った。[83] このため、本館（現在の1号館）は震災後、内田祥三《かずよし》による設計で鉄骨鉄筋コンクリート三階建に建て替えられた。竣工は昭和12（1937）年である。内田祥三は本郷の安田講堂の設計者として知られ、旧地震研究所の建物も同氏によるものである。[24]

なお、北里柴三郎は震災の翌年2月の皇太子殿下（後の昭和天皇）の御成婚に際して、長年の医学、教育、公衆衛生への功労によって男爵の称号を授与された。授爵祝賀会は2月に帝国

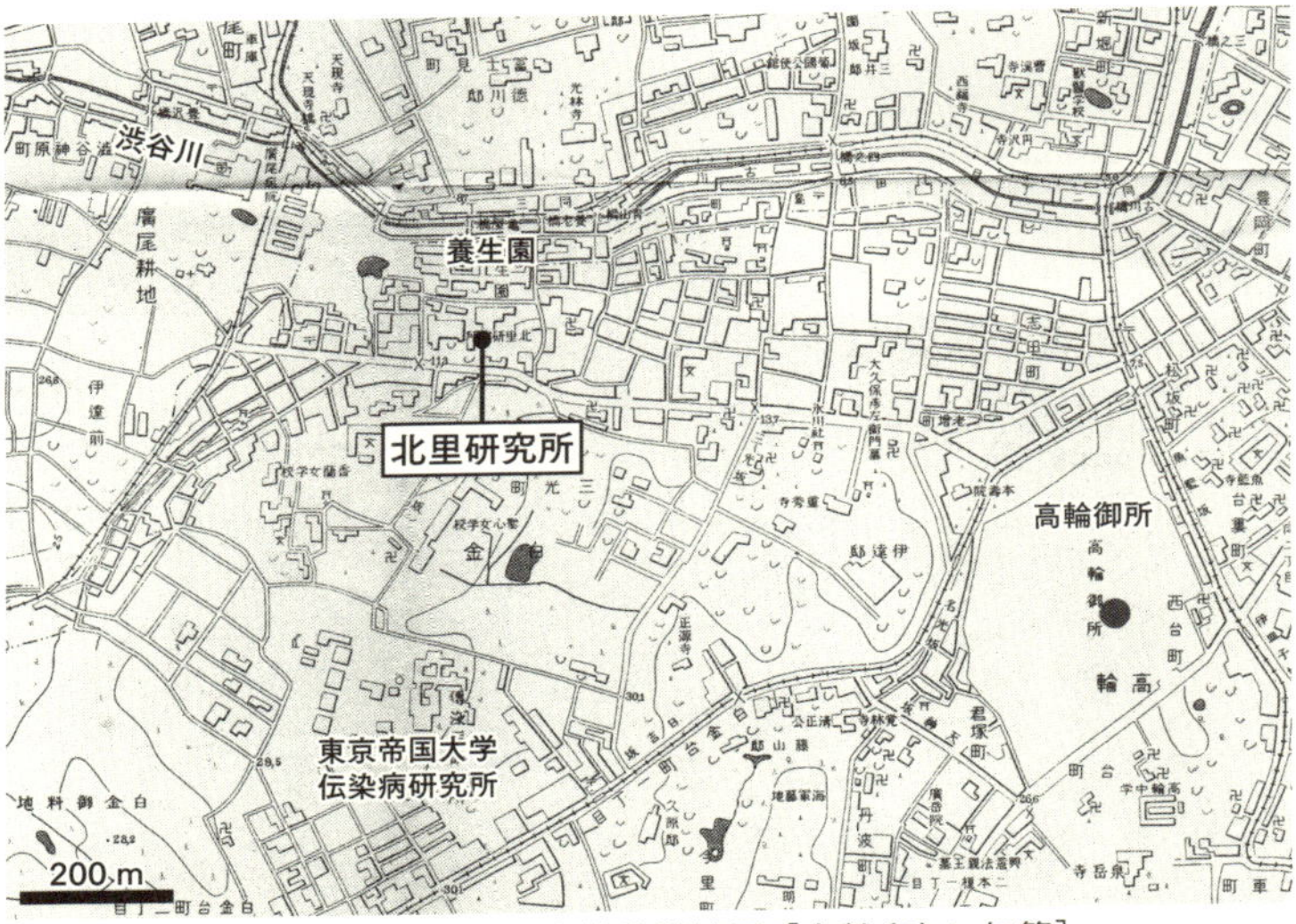

図69　白金の北里研究所周辺の火災動態地図［文献（6）に加筆］

図70　帝国ホテルで行われた北里柴三郎の授爵祝賀会（博物館明治村展示写真）

ホテルで行われた。この時点で帝国ホテルは営業を再開していたことがわかる。祝賀会の写真は博物館明治村の北里研究所本館・医学館内に掲示されている（図70）。

なお、北里柴三郎は昭和6年6月13日に死去した。享年78歳であった[89]。

北里柴三郎の反骨精神から生まれた北里研究所は、現在も学校法人北里研究所として活動し、昭和37年4月には同研究所や慶応義塾大学医学部が協力して北里大学を開学させた。一方、伝染病研究所は現在、東京大学医科学研究所ならびに付属病院となっている。博物館明治村に北里研究所本館が移築されたのは昭和55年で、建物は平成15（2003）年から国の登録有形文化財となっている。

（4）品川硝子製造所

板ガラス製造への挑戦

博物館明治村の4丁目45番地に工部省品川硝子《がらす》製造所がある（図71）。煉瓦《れんが》造平屋建一部中二階の建物には、現在、ガラスショップやバーなどがあり、愛知県半田市で明治31（1898）年から製造されていたカブトビールや100年の歴史をもつ東京都台東区浅草にある神谷バーの創業者がつくったブランデー混合の電気ブランなどを飲むことができる。

【コラム④】で述べたように、殖産興業の中心となった工部省は明治10年に工作局の下に5つの工作分局と呼ばれる工場を設け、そのうち東京には前出の赤羽工作分局の他に、深川工作分局、品川工作分局が設けられた[76]。深川工作分局は主にセメントや耐火煉瓦の製造を、品川工作分局はガラス製品、特に建築資材として必要な板ガラスの製造を目指した。明治村の工部省品川硝子製造所はその際につくられた建物である。品川工作分局の前身は、明治6年に英国人技術者を雇い入れて板ガラス製造をすべく設立された民間の興業社である。しかしながら、技術の未熟さから製品を見るにいたらず、すぐに経営困難となり、明治9年に工部省が買い上げて官営の品川硝子製造所を設立、その翌年に品川工作分局が生まれたのである。[91]

図71　4丁目45番地にある工部省品川硝子製造所

当初、工場ではフリントガラスの製造設備をもって、食器など日用ガラス器の製作をしていた。一方で、洋式建物に多く用いられる板ガラスの国産化を目指し、明治14年頃には板ガラスの製造テストも行われたが、成功しなかった。[91]

明治政府が殖産興業のためにつくった官営工場や鉄道敷設も新しい技術の導入には役立ったが、収支が償《つぐな》わないものが多く、明治10年の西南戦争の戦費がさらに追い打ちをかけて、もともと厳しい財政状況にあった明治政府にとって、採算の合わない官営工場の経営を続ける余裕はなかった。このため明治13年には工場払下概則が定められ、さらに明治17年以降、民間への工場払下げが本格化した。[14]

品川工作分局も例外ではなく、明治16年に工作局が廃止され、一時工部省直轄の品川硝子製造所となるが、すぐに廃止された。その後は明治18年に民間に払い下げられ、明治21年には有限会社品川硝子会社として運営されるが、これも明治25年には解散し、結局板ガラスが製造されることはなかった。(91)

その後、板ガラスの製造は各地で試みられたが成功せず、品川の地では、のちの旭硝子株式会社の創始者である岩崎俊弥（三菱財閥2代目当主、岩崎弥之助の次男）が元の工場を譲りうけて明治33年に窓ガラス1枚をつくり出したらしい。(91)結局、日本で初めて板ガラスの工業生産に成功したのは同人による尼崎工場で、明治42年のことである。(92)ところがその際も輸入品に市場を押さえられ、明治45年時点での会社の累積損失は資本金の過半になったと伝えられている。(93)

医薬品工場への転身

明治41（1908）年、博物館明治村にある工部省品川硝子《がらす》製造所の建物は、明治政府が当初目指した板ガラスの国産化には立ち会えないままに、再出発の日を迎えることになる。建物を買い取ったのは三共薬品合資会社（のちの三共株式会社）である。したがって関東大震災の頃にはこの建物を含め周辺は三共株式会社の品川工場となっていた。三共株式会社は現在の第一三共株式会社である。工部省品川硝子製造所を第6章で扱ったのはそのためである。

同社の社史(94)によれば、三共株式会社は明治32年に塩原又策を中心に三共商店として設立され、高峰譲吉《たかみねじょうきち》が米国で開発した胃腸薬のタカヂアスターゼの日本での販売権を明治35年に得て輸入

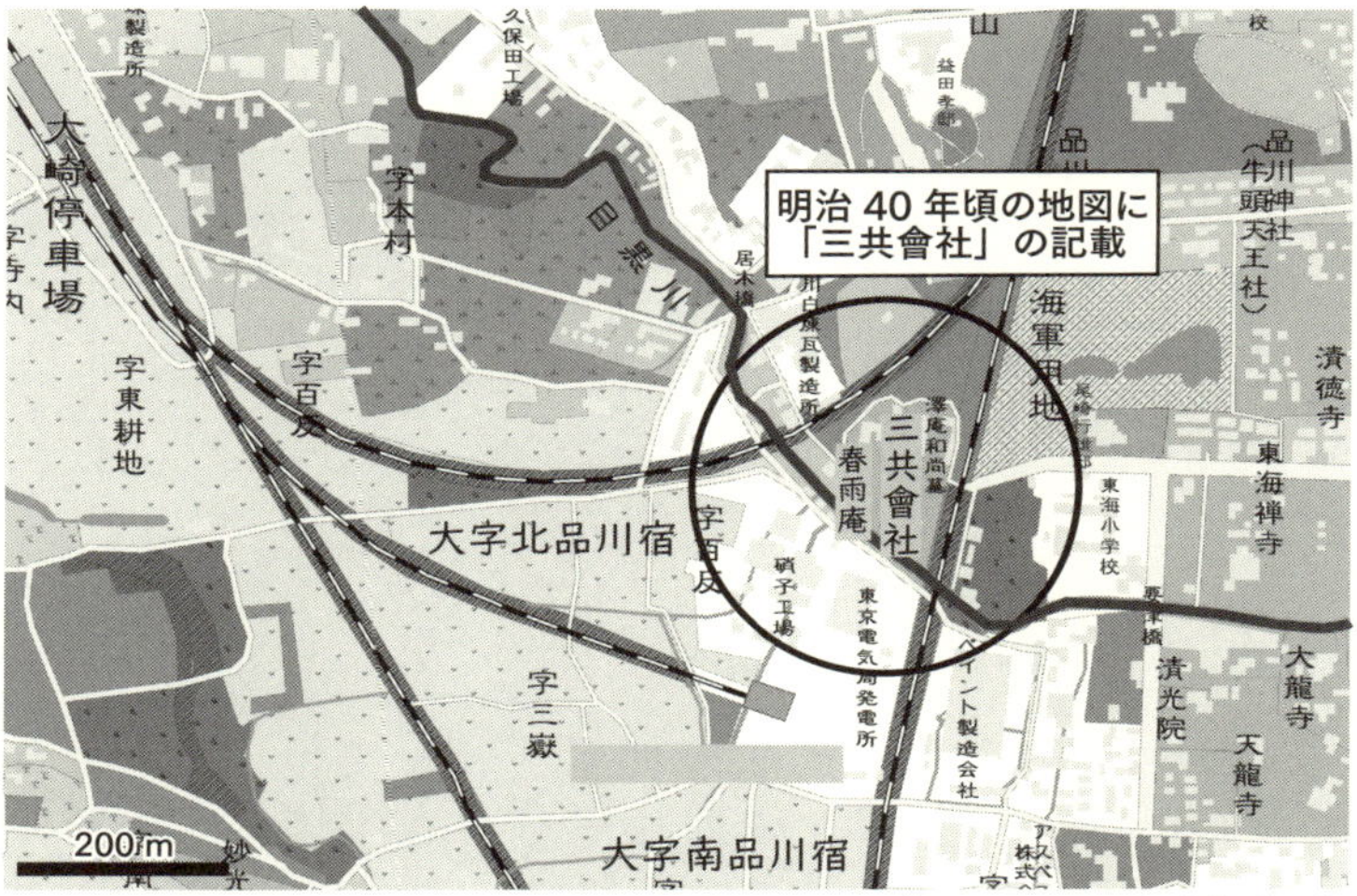

図 72　明治 40 年ころの三共品川工場付近の様子［文献 (85) に加筆］（画像提供：一般社団法人地歴考査技術協会）。丸で囲ったところ（目黒川の北）に「三共會社」と書かれている

図 73　開設当初の三共品川工場［文献 (94)］

販売を開始した。さらに、塩原又策は、薬品販売会社から製薬業者を目指して明治38年に箱崎工場をつくり、明治40年に三共合資会社を設立した。その翌年に開設したのが品川工場である。

品川工場の地は、最初は目黒川の北側に

位置し、東京府荏原郡《えばらぐん》品川町北品川宿292番地（現在の品川区北品川4丁目）であった。工場を買い取った当初、敷地には硝子工場時代の平屋赤煉瓦《れんが》造の3棟があった。そのうちの1棟が明治村にある建物である。明治40年頃の地図を図72に、創業当初の工場の様子を示す絵を図73に示す。地図には「三共會社」、絵の中の煙突には「タカヂアスターゼ」の文字が見える。

その後、工場では高峰讓吉と組んでタカヂアスターゼやアドレナリンを製造する他に、第一次世界大戦によってドイツからの輸入が止まったサリチル酸製造も行った。これに協力したのが東京帝国大学農科大学教授の鈴木梅太郎である。三共合資会社は事業を拡大し、大正2（1913）年には株式会社となり、翌年には、品川工場に沿う目黒川の対岸の敷地も買収し、しだいに工場を広げていった。

震災とその後

関東大震災が起こった当時、三共株式会社の本社は日本橋室町にあり、鉄筋コンクリート地下一階、地上七階の三共ビルディングとして竣工寸前であった。震災にはびくともせず、内部には燃焼物が少なかったこともあり火難も免れた。

また、箱崎工場は焼失したが、当時主力だった品川工場や向島工場は火災を免れた。品川工場は地震と同時に一室から出火したが、直ちに消し止められ大事にはいたらなかった。被害は煉瓦《れんが》煙突の上部と煉瓦建物一棟を損傷しただけであった。博物館明治村に移築された建物も無事であったのだろう。物部長穂による煙突震害調査表[95]によれば、品川工場の煙突について、地上高80フィートの煙突が北東に倒壊、折れた位置は70フィートと書かれており、確かに上部が折れたことがわかる（1フィートはほぼ1尺、約30㎝）。

品川工場では、震災後も目黒川より南の地域が整備され、新工場として昭和4（1929）年から昭和7年にかけて鉄筋コンクリート三階建工場4棟その他を建設し完成する。一方目黒川より北の旧工場は昭和9年より、バイクを売る関連会社のハーレーダビットソンモーターサイクル販売会社に移譲された[94]。詳細は省くがこのような事業の多角化は高峰譲吉《たかみねじょうきち》の進言によるものらしい。ハーレーダビットソンモーターサイクル販売会社は日本ハーレー社として昭和9年から日本でハーレーダビッドソンモデルの生産を始め、戦時下でも陸王内燃機株式会社として主に軍用の国産二輪車の生産を続けた。第二次世界大戦後の昭和24年に業績不振に陥り、翌年昭和飛行機株式会社の助けを借りて陸王モータサイクル株式会社となるが、その後三共系列から離脱し倒産消滅した[96]。

敷地は昭和35年に再び三共株式会社となる[91]。建物が博物館明治村へ移築されたのは昭和44年のことで、平成16（2004）年から国の登録有形文化財に指定されている。この建物は「工部省品川硝子《がらす》製造所」として始まるが、その後医薬品工場となりさらに関東大震災を経験、その後も激動の中を生き抜き、やっとのことで明治村に安住の地を得たという歴史をもっている。どこか楽しげで、好々爺《こうこうや》的な雰囲気を感じるのは気のせいであろうか。

【コラム⑤】情報伝達と海外からの救援

震災当時の外務省通商局は大正13(1924)年4月末現在の関東大震災に対する『外国義捐金品一覧表』をまとめている。[97] そこから国別の義捐金送付額をまとめると表10のようになる。一覧表にはこの他に義捐品のリストも掲載されている。注釈では、いずれも政府もしくは在外公館において正式に申込みを受けたものとあり、総額は当時の邦貨換算で約2240万円(約1120億円)に達したことがわかる(なお、表中32カ国の義捐金の実合計2239万2285円は一覧表に書かれた総計2240万3328円と合致しない)。そのうち在留邦人によるものは約420万円で全体の約19%、外国人によるものは約1780万円で79%にあたる。義捐金の集計は、先に述べた東京市による『震災ニ因ル日本ノ損失』[7]にもあり、こちらは大正13年10月末現在で総額約2270万円となっている。表9をもとに義捐金を国別に見ると米国からのものが圧倒的に多く約1500万円(約750億円)と全体の約67%を占めていることがわかる。次いで英国、中国、オランダ、フランスの順となっている。

今日では世界のどこかで大災害が発生すると世界中に情報が駆け巡るが、ラジオ放送以前の時代(日本での放送開始は大正14年)に、日本において大震災が発生したという情報は、そもそもどのようにして諸外国に伝えられたのだろうか。それを成し遂げたのは、福島県の浜通りにあった磐城《いわき》国際無線電信局であった。磐城国際無線電信局は長距離無線が困難だった時代に米国向け通信網確立のために大正10年に完成した無線電信局で、富岡受信所と原ノ町送信所から成り、原

表10　国別の義捐金額［文献(97)より作成］

国・地域	金額（円）	備考
アメリカ合衆国本土・領土	14,989,314	うち本土14,115,872円、領土：ハワイ、フィリピン諸島
英国本土・領土	4,204,092	うち本土2,230,730円、領土：マレー、インド、カナダ、オーストラリア、ニュージーランドなど
中国	1,657,142	
オランダ本土・領土	377,762	うち本土84,014 領土：蘭領東インド
フランス本土・領土	254,691	うち本土121,788円、領土：仏領インドシナ、ニューカレドニア
ペルー	183,607	
ベルギー	144,643	
メキシコ	136,189	
英国保護領及び租借地	72,948	シンガポール、威海衛（中国）など
シャム	61,563	現在のタイ
スウェーデン	57,606	
アルゼンチン	51,057	
イタリア	41,426	
チェコスロバキア	29,100	
スイス	25,274	
チリ	17,878	
ドイツ	15,821	
ブラジル	14,090	
ボリビア	10,685	
ロシア	10,585	
キューバ	10,402	
ポーランド	5,728	
エジプト	4,615	
パナマ	3,958	
ラトビア	3,860	
スペイン	3,850	
ポルトガル	1,472	
イラク	1,341	
ノルウェー	1,170	
トルコ	194	
オーストリア	186	
ルーマニア	35	
総額（大正13年4月現在）	22,403,328	在留邦人4,158,297円、外国人17,754,008円、他491,023（実合計：22,392,285円）

ノ町送信所には長波による通信のために高さ約200mの鉄筋コンクリート製の主塔を中心に傘型の空中線がつくられていた。ここからまず米国に震災の第1報が届けられたのであるが、その経緯は次のようなものであった(98)。

地震やその後に発生した大火災によって東京・横浜ではすべての電源や有線ケーブルが破損し、被災状況を他の地域に伝え救援を要請する手段がすべて失われてしまった。そんな中で唯一活躍できたのは横浜港に停泊中の船舶からの無線電信であった。特に北米に向けて出発予定だった東洋汽船のこれや丸（Korea Maru）には、避難民誘導にあたった末に海中に身を投じて難を逃れた神奈川県警察部の森岡警察部長が在艦し、同船の無線電信によって大阪府や兵庫県の知事あてに救援要請の打電が試みられた。ここでは省略するが、森岡警察部長の行動の詳細については文献（99）に詳しく述べられている。

当時これや丸の通信士であった川村豊作の体験談を引用すると(98)、「関東一帯の陸線はほとんど破壊され、関西方面からの救援を求める途《みち》は無線によるより外《ほか》にはない。食糧も水もなくこのままでは餓死に追い込むことになる。なんとしても第一報の救援指令を一刻も早く関西に報じなければならない。しかも無情にも空中は、あたかも蜂の巣をかきまわしたような電波の発射で、大混乱となっていた」。そんな中で、潮岬無線局を連呼したが応答がなく、夜になり「太陽が没すると電波の伝播距離が延びて潮岬無線局の応答が聞えてきた。時に午後8時過ぎ、歴史的第一報『本日正午大地震大火災起り死傷幾万なるやも知れず、食糧水なし至急救援たのむ』。打ち終って栃折《とちおり》喜三君と抱き合って感泣した」。これが、国内向け救援要請の第一報である。

一方、磐城国際無線電信局の活動については当時所長であった米村嘉一郎の体験談が残されている。[100]

「磐城無線局では同時刻（地震発生時）、かなり強い地震を感じたと同時に、東京と横浜へ直通であった陸上電信線が2線とも不通になり、何とはなしに『これはただ事ではないぞ』という予感がした。東京方面の事情が一時全く不明となったが、有線電信が切れたなら無線電信だということは無線従事者の誰もが気付くことで、富岡受信所では早速国内通信用の周波数を受ける受信機をいくつも急造して他局発信の傍受を試みたところ、東京・横浜の大惨害の状況を放送する通信が次々と受信機へ入ってきた。……当時東京はあらゆる交通通信の機関が止まり、小笠原島経由の日米間海底ケーブルも既《すで》に切れたことはホノルルへ無線で問い合わせてわかったので、全く日本は孤立無援の有様であった。ここでちょっと電波を発すればすぐにアメリカへ届くものを黙っているに忍びない、簡単であるがかなり強い意味を含めたつもりで、次のような20語の電文を書いて、午後11時にホノルルを経てサンフランシスコのRCA（Radio Corporation of America）局長へ発信した。

"Conflagration subsequent to severe earthquake at Yokohama at noon today. Whole city practically ablaze with numerous casualties. All traffic stopped."『本日正午横浜において大地震に次いで大火災起こり、全市ほとんど猛火の中にあり、死傷算なく、全ての交通通信機関途絶した』

この電報はホノルルのRCA局へ送ったのだが、サンフランシスコのRCA局でも折良く直接受信したので、直ちに同市の各新聞社に配布され、アメリカの全新聞に出た日本大地震の第1報となり、アメリカからさらにヨーロッパ諸国へ伝わり世界各国の同情と救援が我が国に集まるきっかけとなった」

図74　ありし日の原ノ町の無線塔（南相馬市博物館蔵）

磐城国際無線電信局が傍受した震災情報は銚子無線電信局からのもので、銚子無線電信局は横浜港からの船舶無線による震災通信を受信し、潮岬無線局など日本各地へ送信を試みていた。磐城国際無線電信局の米村所長は、その後、数日間にわたり無線情報や新聞記事を英訳して海外に向けて日本の惨状を伝え続けた[98]。記念すべき無線塔（図74）は通信技術の進歩で昭和6（1931）年に役目を終え、昭和57年に撤去されたが、その跡には「憶・原町無線塔」と命名された十分の一スケールの記念塔が建てられている。

一方、地震直後の米国の救済への動きは、『大正十二年関東大震災日本赤十字社救護誌』[46]にも詳しく書かれている。それによれば、震災を目のあたりにしたC（サイラス）・ウッズ駐日米国大使の要請もあり、米国政府はフィリピン副総督で陸軍少将のF・R（フランク・ロス）・マッコイに対して、米国救援団長兼赤十字代表として日本に急行すべき旨を電命した。同少将は直ちに運送船メリット号、メーグス号およびソム号3隻に大天幕病院［基本病院（500床）1個、撤回病院（432床）2個、野戦病院（216床）13個］の資材ならびにこれに属する医療器械、薬品、繃帯材料および食糧品など莫大な救護材料を満載し、さらにソム号には病院の建設経営に必要となる人員を搭乗させて急遽出帆の準備をさせ、自らは先立って幕僚のマンソン大佐以下を随えて9月12日に東京へ入り、帝国ホテル内で米国救援団の事務に従事した（先に、米国水兵が帝国ホテル前で救援物資の運搬をする様子を67ページ図22に示した)。

以上のような国際社会の温かい活動に対し、日本では被災するしないを問わず全国民があらゆる機会に謝意を表した。[16]全国の新聞各紙も筆をそろえて感謝の意を表した。またウッズ米国大使が帰国する際には、都民数万人がこれを見送って大使の労に感謝し、フィリピン救護団の帰国に際しては、阪神市民の多数がこれを歓待した。さらに、都下の各大学生が主催し感謝署名帳を救助諸国の元首に贈呈する企てを始めると、数十万人の署名が10日ほどで集まった。国会を含め各地方の自治体や実業団体などにおいても感謝の決議が行われ、東京市民や新聞各社などの主催による感謝会はほとんど枚挙にいとまがないほどであったという。

『大正震災誌』下巻[16]はこのような状況に関し、「我邦と諸友邦とは、互に一段の諒解を得、親善を加え、延《ひ》いては平和を確保する上にも少なからざる力を得たことは疑うべきでないのであって、之《これ》は災厄に伴う一つの図らざる収穫とでも謂《い》うべきであろう」と述べている。

ところが皮肉にもその約20年あとに、第二次世界大戦が勃発しようとは……。助けた人々、助けられた人々を通じ、当時ほとんどの人は夢想だにしなかったに違いない。やはり人間にとって将来を予測することは困難な課題というべきであろう。多少長くなるがコラムの最後に、このような米国の支援活動が果たした役割とその後の日米関係に与えた影響についてまとめておくことにする。

第一次世界大戦後、世界の指導的地位は英国から米国に移り、太平洋を隔てて隣り合う日米は互いに脅威の念を深めていく。そのあらわれとして、日本では大正12年2月に改訂された帝国国防方針で、米国が最大の想定敵国と定められた。その矢先に起こったのが関東大震災である。その際行われた米国の膨大な支援は「日本政府の災害応急対策から復旧への移行に、迅速機敏さと規模（量）をもって加速をつけ……内部的不安の解消、人心の早期安定化にも寄与し、国民の米国支持にもつながった」[101]。日本政府をはじめ多くの日本人が米国に心から感謝したことは、先に述べた『大正震災誌』下巻の記述にもよく表れている。

その反面、米国の国力、世界規模の情報収集能力と国家意思決定の迅速さ、陸海軍を中心とする指揮運用、艦隊運用、海洋を越えた兵站展開の各能力、将兵の士気の高さが、軍の一部に米国に対する強い不信感を植え付ける結果となった[101]。その不信感はかえって米国を知る努力を怠ることにつながり、米軍の軍事力を評価分析する機会を逸し、帝国海軍の対米決戦思想や帝国陸軍の大陸への進出を増長させることになる。まさに国家間で一度生まれてしまった不信感は、相互理解に支障をきたす原因であるばかりか、国家の進むべき道を誤らせるものであることをよく表している。震災後も最大の想定敵国としての米国の地位は変わらず、歴史は第二次世界大戦へと流れていくのである。

第7章

火災を免れた木造住宅

（1）蝸牛庵と幸田文

向島の風情

博物館明治村には、明治時代に建てられた木造住宅が7棟あり、そのうちの4棟は東京近郊で関東大震災に遭遇している。地震時の様子については評価された震度から推定する他に、近くにいた人が書き残した日記などから知ることができる。まず紹介するのは、3丁目26番地にある幸田露伴住宅「蝸牛庵《かぎゅうあん》」である（図75）。

図75　3丁目26番地にある幸田露伴住宅「蝸牛庵」

この建物は、明治初年に隅田川のほとりに建てられたもので、当初は豪商の寮（別荘）であったらしい。その後、酒類を扱う甲州屋雨宮家の持ち家であったものを、幸田露伴が借家した。[102] 露伴は自分の家を「かたつむりの家（蝸牛庵）」と呼び、やどかりのように幾度となく住まいを変えている。隅田川の東にあったこの家もそのうちの一つで、明治30（1897）年からの約10年間を過ごしている。[35] 明治村の蝸牛庵は、桜の名所でもある入鹿池を眺める場所にあり、第二次世界大戦後、隅田川沿いを高速道路が走り、すっかり亡くなってしまった向島の風情を、建物ともども今に伝える貴重な場所となっている（図76）。

図77は向島付近の火災動態地図に蝸牛庵のあった位置を示したものである。[6] A地点は明治41年2月まで幸田露伴が暮らした蝸牛庵の場所（寺島村寺島1716番地）で、明治村の建物はここにあった（寺島町となるのは大正12年4月以降）。一方、B地点はその後、露伴が新築して引っ越しをした蝸牛庵の場所（同1736番地）である。現在、建物はなく墨田区露伴児童遊園となっている。露伴一家は震災後の大正13（1924）年6月に小石川に転居するまでここで過ごした。[103]

図76　往時の向島の風情を連想させる蝸牛庵の窓越しに見える入鹿池の様子

随筆が語る震災

露伴の次女であった作家の幸田文は明治37（1904）年9月1日にA地点の蝸牛庵《かぎゅうあん》で生まれた。その日は暴風雨の最中であったという。[104] 幸田文は関東大震災に自宅で遭遇し、その時の様子を「大震災の周辺にいて」と「渋くれ顔のころ」（いずれも『幸田文全集』第18巻[105]）に書き記している。自宅はB地点の蝸牛庵であったが、A地点からたかだか200m足らずのところにあり、博物館明治村に移築された蝸牛庵の被害状況もそれほど変わらなかったものと思われる。そこで、震災時の様子が書かれた部分を引用すると以下のようになる。

「はじめにお断りしておくけれど、私は関東震災にあってはいるのだが、市内（当時の東京市）にいた人たちのような凄まじい体験はしていないのである。市外（寺島町のこと）に住んでいたからで、隅田川の東、墨田堤からだらだらとおりて一丁（約100m）ほどのところ、農家にしもたやと商店と工場がまざる、市の周辺村だった。地盤がいいとは思えない土地だし、家並みも立派には遠いものだったから、どの家でも被害のない家はなかったが、それでもバッタバッタの将棋倒しというわけでもなく、火事も近くまで燃えてきたが焼けどまってくれたし、怪我人は何人かあったようだが、圧死など悲惨な死は近所のかぎりではきかなかった。私の家も破損程度ですんだし、家族三人怪我もせず、飢《かつ》え餓えもせず、まずは関東震災にあった者の中で、いちばん難の軽かったものと思う。だから私の震災経験は、焼け残り的であり市周辺村型である」（以上「大震災の周辺にいて」より）

「大正十二年九月一日は関東大震災の日なのだが、その日私は満十九歳だった。つまり誕生日だったのである。晩には赤いごはんでもたこうという心づもりをしていたのだが、そんなことどころか、十一時五十分、ひどい揺れで縁ばたから庭へゆすりおとされ、やっと立木につかまった時には、もうあたりの様相が一変していた。自分のうちの屋根も隣近所の屋根も、みんな瓦をこぼして禿げ禿げになり、そこへ明るい天日がさしていて、目にはそういう大変を見ているのに、こわいとか身がふるえるとかいうことはなくて、なにかしばらくは、あっけらかんとした思いがあった。印象ふかい誕生日だった」（以上「渋くれ顔のころ」より）

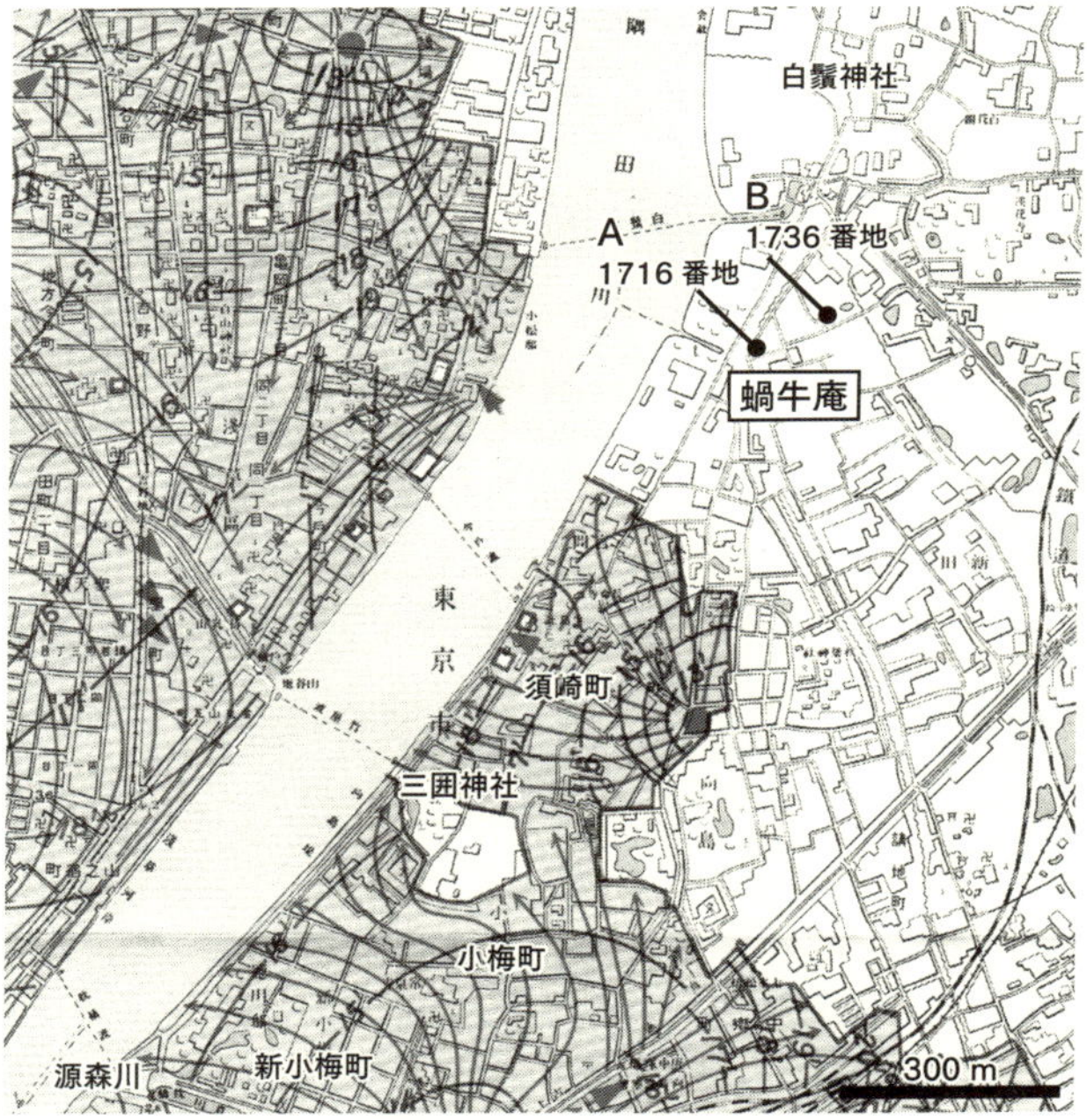

図 77　向島周辺の火災動態地図［文献 (6) に加筆］

寺島町の被害は、焼失はなく、住家の全潰350戸、全潰率7・7%で、揺れの強さは震度6弱と推定される（56、57ページ表6のNo.10）。死者は25名であった。[15] 近くの白髭神社では社殿が傾き、石灯籠が転倒したという記録もある。[38]

火災の影響

図77を見ると、火災はほんの数百メートル離れた本所区向島須崎町（現在の墨田区向島5丁目）ま

で来ていたことがわかる。火災は、折からの強い南風によって言問団子《ことといだんご》付近まで広がった。そんな中で三囲《みめぐり》神社付近（墨田区向島2丁目）はぽっかりと焼け残った。三囲神社の本殿は安政2（1855）年の安政江戸地震のあとに再建されたもので、現在は墨田区の登録文化財に指定されている。本殿の左側前方に大きなイチョウの木があるが、本殿と反対側に黒こげの跡が今も残り、関東大震災の火災の凄まじさを伝えている。[24]

三囲神社を挟んで南側の小梅町では、火災は午後4時頃に隅田川の川縁に達し、北側の須崎町ではやや遅れて5時から6時頃に川縁に達した。田山花袋による『東京震災記』[106]には、9月5日に著者が自宅のあった代々木からはるばる焼け跡の中を愛妓のいる向島にむかった時のことが書かれている（須崎町周辺は今も続く向島の花街である）。須崎町に住んでいた花袋の愛妓一家は、須崎町の隅田川土手から川に下り、水に浸かっていて助かったという。愛妓は訪れた花袋に、その時の様子を以下のように語っている。

「何て言うんでしょうね？　地獄？　地獄だッてあんなにひどくはないでしょう？　あの夕方、お天道様が向う岸の焼け跡の中に落ちて行く色ッて言ったら？　本当に、もうこの世はおしまいになるかと思いましたよ」

風向が午後6時頃に南から西へさらに北へと変化したことが助かった原因の一つかもしれない。もし小梅町から吾妻橋《あずまばし》方面へ逃げていれば、川縁に火が到達するのが早く、そのぶん水に浸かっていても南風による火の威力で焼死か溺死かの憂き目に遭っていた可能性が高い。地獄の夕日を見ながら生死の境をさ迷った人々が向島にはたくさんいたに違いない。

特に源森川が隅田川へ出る手前にある枕橋付近では527名の死者が出ている。(24) 多くの死者が出たのは、火災の到達が、まだ南風が強かった午後4時ごろで、比較的早かったことと無縁ではあるまい。非業の死を遂げた人々の中には俳人の富田木歩《もっぽ》もいた。詳細は文献(24)に譲るが、現在も近くの隅田公園には「俳人　富田木歩終焉の地」の標柱がたち、三囲神社には木歩の一周忌に友人が建立した富田木歩を追悼する句碑もある。

火災にまかれたか否かで、須崎町以南の地域と幸田文がいた寺島町では様子が随分と違っていたことがわかる。なお、蝸牛庵《かぎゅうあん》が博物館明治村に移築されたのは昭和47(1972)年で、平成15(2003)年から国の登録有形文化財となっている。

(2) 鷗外・漱石邸と寺田寅彦

典型的中流住宅

博物館明治村の1丁目9番地に森鷗外・夏目漱石住宅がある(図78)。ガイドブック(35)の説明は「明治中期のごくありふれた建坪39坪(129・5㎡)余りのこの建物には、数々の由緒が遺されている」から始まる。由緒とは、もちろん明治の文豪、森鷗外と夏目漱石が住み、「吾輩は猫である」などの作品が執筆された家ということである。年代をたどれば、明治20(18

図78　1丁目9番地にある森鷗外・夏目漱石住宅

87）年頃、医学士中島襄吉《じょうきち》の新居として建てられたものであり、その後、空家のままであったのを、明治23年に森鷗外が借家、一年あまりを過ごした。さらにそのあと、明治36年から同39年までは夏目漱石が借りて住んでいたのである。[35] 明治40年頃の地図[85]を見ると、東京市本郷区駒込千駄木町《せんだぎちょう》（現在の文京区千駄木1丁目）あたりに「夏目漱石宅（猫の家）」とあり、明治の終わり頃には相当有名な家となっていたことがわかる。

一方、建築史的にはこの家が当時の典型的中流住宅で、現代住宅へ発展していく新しい芽、例えば中廊下や各部屋の独立、さらには後に洋間の応接室へとつながる書斎などが注目されるとのことである。[35] 地震の揺れと当時の住宅の耐震性という観点からは、こちらの視点の方が重要かもしれない。図79は所在地の火災動態地図[6]で、後で述べる本郷喜之床の位置とともに、森鷗外・夏目漱石住宅の位置を示す。いずれも焼失地域の外に位置することが確認できる。

「震災日記より」

地震直後にこの住宅の近くを通りかかった人がいる。寺田寅彦である。先に述べたように寺田は地震の際には上野公園の二科展の会場にいた。その後本郷区曙町《あけぼのちょう》の自宅に戻る際のことである。「震災日記より」(5)に書かれたその間の様子を引用すると以下のようになる。

「動物園裏まで来ると道路の真中へ畳を持出してその上に病人をねかせているのがあった。人通りのない町はひっそりしていた。根津を抜けて帰るつもりであったが頻繁に襲って来る余震で煉瓦《れんが》壁の頽《くずお》れかかったのがあらたに倒れたりするのを見て低湿地の街路は危険だと思ったから谷中三崎町から団子坂へ向かった。谷中の狭い町の両側に倒れかかった家もあった。塩煎餅屋の取散らされた店先に烈日の光がさしていたのが心を引いた。団子坂を上って千駄木へ来るともう倒れかかった家などは一軒もなくて、所々ただ瓦の一部分剥《は》がれた家があるだけであった。曙町へはいると、ちょっと見たところではほとんど何事も起らなかったかのように森閑として、春のように朗らかな日光が門並を照らしている。

宅の玄関へはいると妻は箒《ほうき》を持って壁の隅々からこぼれ落ちた壁土を掃除しているところであった。隣の家の前の煉瓦塀はすっかり道路へ崩れ落ち、隣と宅の境の石垣も全部、これは宅の方へ倒れている。もし裏庭へ出ていたら危険なわけであった。聞いてみるとかなりひどいゆれ方で居間の唐紙がすっかり倒れ、猫が驚いて庭へ飛出したが、我家の人々は飛出さなかった。これは平生幾度となく家族に云《い》い含めてあったことの効果があったのだというような気がした。ピアノが台の下の小滑車で少しばかり歩き出しており、花瓶台の上の花瓶が板間にころがり落ちたのが不思議に砕《くだ》けないでちゃんとしていた。あとは瓦が数枚落ちたのと壁に亀裂が入ったくらいのものであった」

地球物理学者で地震の揺れをよく知る人らしく、地盤の悪い根津を避け、谷中経由で自宅に戻ったことがわかる（図79）。途中の団子坂は森鷗外・夏目漱石住宅のあった駒込千駄木町の北の縁にある坂で、「団子坂を上って千駄木へ来るともう倒れかかった家などは一軒もなくて、所々ただ瓦の一部分剥がれた家があるだけであった」と書かれている。

駒込千駄木町では住家の全潰は21棟、全潰率は1・37％で震度6弱相当であるが（表6のNo.5）、団子坂下側の不忍通り沿いの低地（現在の千駄木2丁目）に被害が多いとすれば、坂上側（千駄木1丁目）では寺田が述べているように倒れかかった家などは一軒もなかったのかもしれない。森鷗外・夏目漱石住宅も団子坂上からやや坂を下るが坂上側にあたっている。一方、自宅のあった曙町は住家の全潰2棟、全潰率0・48％（震度5強相当）で、[37]森鷗外・夏目漱石住宅はこちらの状況に近かったのではないかと思われる。その様子は「ちょっと見たところではほとんど何事も起らなかったかのよう」であり、また建物内では壁土がこぼれ落ち、外の煉瓦塀や石垣が倒れ、瓦が数枚落ち、壁に亀裂が入ったくらいのものであった。森鷗外・夏目漱石住宅も軽微ではあるが以上のような被害を受けていた可能性が考えられるのである。

なお、この建物が博物館明治村に移築されたのは昭和39（1964）年で、平成15（2003）年から国の登録有形文化財となっている。

図 79　本郷区の火災動態地図［文献 (6) に加筆］

(3) 本郷喜之床と鹿島龍蔵

石川啄木の住まい

博物館明治村の4丁目47番地の本郷喜之床のある一角は、町屋や芝居小屋、銭湯などの建物が並び、昔の下町の風情がある場所である（55ページ図14）。

図80　4丁目47番地にある本郷喜之床

図80の本郷喜之床は、東京市本郷区弓町2丁目17番地（現在の文京区本郷2丁目）で散髪屋として利用されていた建物で、明治末年頃に建てられた町屋であるといわれている。[35]

この建物で注目されるのは、俳人石川啄木が東京ではじめて、母と妻子を迎え、家族で明治42（1909）年6月から約2年間、二階を借りて生活をしていたことである。[35]その間に母も妻も啄木も結核性の病気で二階への上り下りも苦しくなり、明治44年8月、ついにこの家を去り、小石川久堅町《ひさかたちょう》（現在は文京区小石川5丁目）の小さな平屋建の家に移った。翌年3月には母かつが亡くなり、4月には啄木もまた母の後を追うように27歳の薄倖の生涯を閉じた。関東大震災の11年前のことである。

「天災日記」より

図79の火災動態地図(6)を見ると、喜之床は焼失地域の外にはあるが、焼失地域からわずか30mほどしか離れていない。弓町2丁目では全潰5棟、全潰率2・54%の被害が生じ、震度6弱相当の揺れであったと推察される（表6の№18）。前出の森鷗外・夏目漱石住宅のあった千駄木町《せんだぎちょう》の台地上に比べて、震度は同じかやや高く、壁土が落ち多少の亀裂が入ったり、瓦が多少落ちたりする程度の被害はあったものと思われる。

森鷗外・夏目漱石住宅の場合と同様に、この建物にも近くを地震後に通りかかった人がいる。鹿島組副社長の鹿島龍蔵《たつぞう》である。龍蔵は地震当日の9月1日には、寺田寅彦と同じように上野公園の展覧会会場にいた。先に述べたように、その時からの体験が「天災日記」として記されている(4)。

翌朝9月2日、龍蔵は自宅のあった田端から、水筒と握り飯をもち長男の次郎（当時15歳）を伴って、鹿島組の本店があった京橋区木挽町《こびきちょう》に向かった。午前9時に自宅を出発し、10時頃に不忍通りを根津から不忍池へ出ると、湯島天神下から先は焼け野が原であった。やっとのことで本店にたどり着くが、本店は焼失、さらに社長で兄の精一一家が行方不明であることを知る。失意のうちに帰宅するが、その途中に御茶ノ水から本郷通りを通るところで、東京市本郷区弓町2丁目の喜之床の近くを通過している。御茶ノ水に辿り着いたのは、午後3時近くである。御茶ノ水付近からの様子を「天災日記」から引用すると以下のようになる。[4]

「駿河臺《するがだい》下から御茶の水にかゝる。此《こ》の辺《あたり》全部焼け跡なり。立上る煙りにさえぎられて展望出来ざる故《ゆえ》に、九段も見えず、為《た》めに焼け原の限を見る事が出来ない。御茶の水にいたり突如として其《そ》の土手の緑草を見、実に嬉しいと思った。十時頃より数時間数里の道を歩いて、始めて生きた物の色を見たのである。橋の下土手の上に荷物数個無事に遺留されて居たのを見る。其の対岸の市電車の小さき待合所が完全に無事で居るのに驚いた。川を挟んだ一側の、聖堂と云《い》わず、師範学校と云わず、又一方の駿河臺に立ち双《なら》んだ、富者の邸宅等一字《いちう》も残らず灰燼となって居るのを思えば、只《ただ》不思議と云うばかりである。猶《なお》駿河臺側の上流一町程の所崖くずれて川を完全にせき止めて居るのを見る。本郷通りに来り2丁目辺の所へ来て始めて、焼け残った民家を見る。之《こ》れより先は大略焼けず。只大学の一部が、焼けたのみなり。一度焼け残った市街に入れば、俄然《がぜん》として大混雑の修羅場となる。人を以《もっ》て車を以て埋め尽した道路を歩いて、途中二三度、ふるまい水を飲み、とも角くも無事帰宅す。持って出た弁当は遂《つい》に喰《く》う気にならず。其の儘《まま》持って帰る。午後四時近くなり」

「天災日記」を読む限り、午前9時に家を出てから休みをとった形跡はなく、ここまで歩きつづけ、結局朝持って出た弁当も食べる気になれず、家まで持って帰ったとある。ショックの大きさがうかがえる。

図79を見ると、確かに本郷2丁目あたりから焼け残った地域に入り春日通りより北には東京帝国大学の構内に焼失地域がある他は焼けたところはない。「一度焼け残った市街に入れば、俄然《がぜん》として大混雑の修羅場となる。人を以て車を以て埋め尽した道路を歩いて、途中二三度、ふるまい水を飲み……」とあり、付近の火災は収まったとはいえ、喜之床のあった弓町2丁目のような焼失地域の周辺では9月2日の夕刻時点においても避難する人々による混乱が続いていたことがわかる。

東京市内で火災が完全に収まるのは9月3日の午前中で、近くの不忍池の南から上野駅にかけてのように2日の夜から3日にかけて延焼することを思えば、2日の夕刻はまだ延焼の最中であった。人々が避難のために右往左往していても無理はなかったのかもしれない。その様子を本郷喜之床の建物は延焼の危機にさらされながら、じっと見つめていたのである。

なお、この建物が博物館明治村に移築されたのは昭和55（1980）年で、平成16（2004）年から国の登録有形文化財となっている。

(4) 西郷従道邸と耐震対策

目黒の西郷山

博物館明治村の1丁目8番地にある西郷従道《つぐみち》邸は、図81のように思わず中に入りたくなる優

図81　1丁目8番地にある西郷従道邸

雅な洋館である。元はJR渋谷駅の南西約1㎞の上目黒（現在の目黒区青葉台2丁目）にある西郷山と呼ばれる小高い丘にあった。西郷と言えば西郷隆盛を思い浮かべる方も多いと思う。また、隆盛ゆかりの地は、上野のお山や鹿児島の城山など、山の付くところが多いことから無理もないが、この西郷山は隆盛の12歳年下の弟である西郷従道（天保14年－明治35年、名前は〝じゅうどう〟が正しい読みとの話もある）ゆかりの場所である。

当地一帯は幕末には豊後《ぶんご》竹田の藩主中川家の下屋敷であったが、維新後は高畠某の所有となり、明治7（1874）年に西郷従道が、その前年に征韓論に敗れて下野した兄隆盛の再挙上京に備えて買い受けたものとも伝えられている。[107] 西郷従道は、明治初年から度々海外に視察に出かけ、西郷隆盛が敗れた明治10年の西南戦争後も、国内では陸・海軍、農商務、内務等の大臣を歴任、維新政府の中枢に居続けた人物である。そのため「西郷山」と呼ばれる程の広い敷地内に、和風の本館と少し隔てて本格的な洋館を接客の場として設けたものと思われる。洋館が建っていた場所は、現在の菅刈《すげかり》公園の敷地に対応し、庭園の一部が復元されている。洋館の建築年代は明治10年代といわれている。[108]

図82には西郷従道が亡くなった直後、明治40年頃の付近の地図[85]を示すが、西郷邸との記載が確認できる。同図には現在の目黒区立の菅刈公園と西郷山公園ならびに目黒川の位置も追記されている。現在の公園はともに西郷従道邸の一部であり、どちらも目黒川から坂を上ったところに位置している。

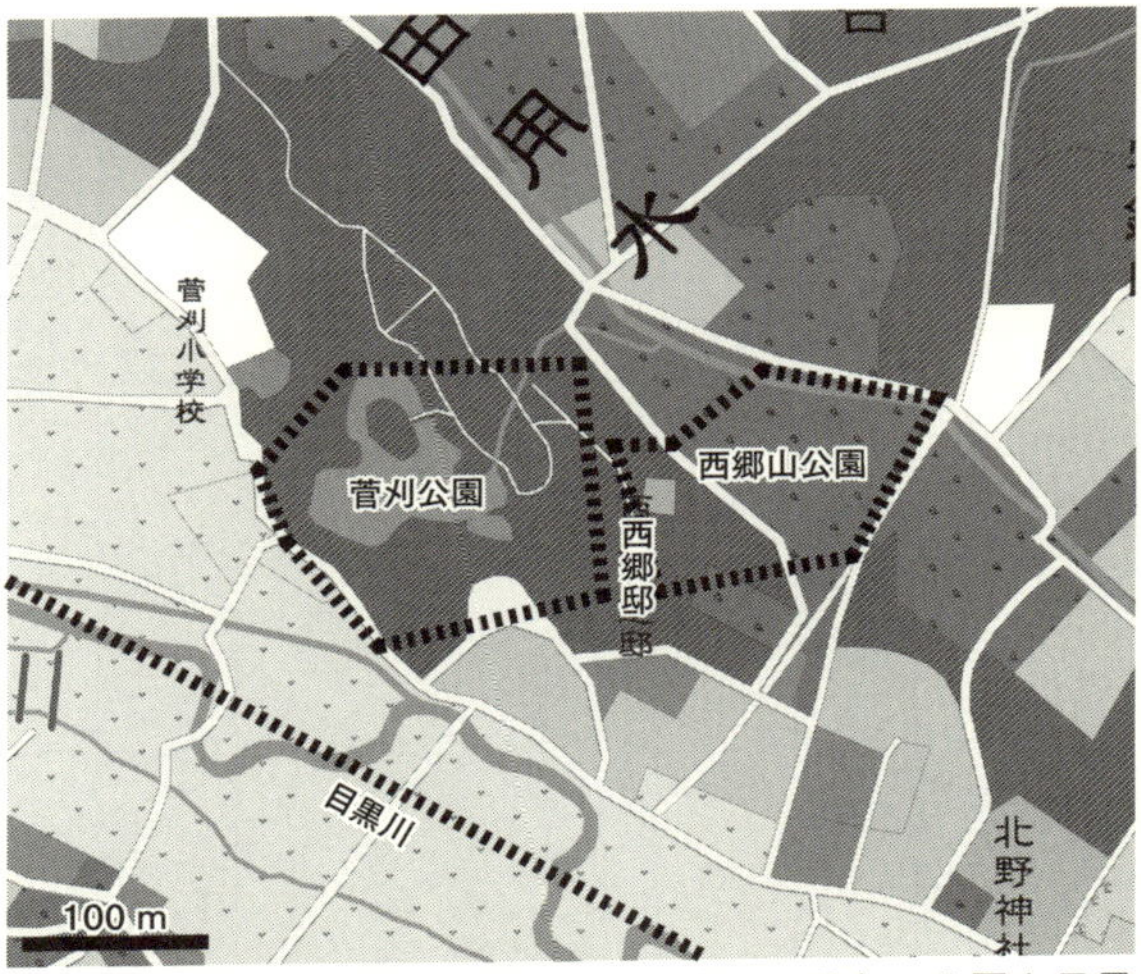

図82　明治40年頃の西郷邸付近の地図と現在の公園と目黒川の位置［文献(85)に加筆］（画像提供：一般社団法人地歴考査技術協会）

洋館の建設にあたっては、フランス人の建築家J（ジュール）・レスカースと棟梁の鈴木幸太郎が関与したと考えられている[107]。レスカースは明治5年に官営生野鉱山の建設に従事、また、ドイツ公使館や三菱郵船会社の建物を設計し、明治20年頃まで建築事務所を開業していた。横浜の英字新聞ジャパンガゼット紙やフランス土木学会の紀要に日本建築の耐震性についての論文を発表し、屋根構造の強化と軽量化などを提案している。

洋館建築の耐震性

西郷従道《つぐみち》の逝去後は次男の従徳《つぐのり》が家督を継ぎ昭和16（1941）年まで、西郷山の邸宅は西郷従徳の本邸となっていた。[107]

西郷山の地は震災当時、荏原《えばら》郡《ぐん》目黒町に属していた。大正12（1923）年の関東大震災はその時代の出来事である。目黒町（大正11年以前は目黒村）の住家全潰率は0・05％と低く、震度は5弱と推定されている。[39]また地質調査所による被害調査結果を用いて大字ごとに震度を評価すると、目黒町のうち西郷従道邸がある上目黒は洪積地盤上にあり震度5弱（表6のNo.4）、これに対して中目黒や下目黒は震度5強と評価されている。[38]さらに目黒町の被害は、目黒川流域の沖積低地や湿潤な芦原があったとされる中目黒や下目黒に多いことも指摘されている。[109]

立地条件に加えて、西郷従道邸には当時としては他に類を見ない耐震設計がなされていたという。『移築工事報告書』[107]に基づき、採用されていた耐震設計要素を具体的に示すと以下のようになる。

①小屋組で比較的細い部材を合理的に組み合わせ、垂木《たるき》を省略して、母屋へ直接野地板《のじいた》を打ち付け、屋根には金属板を葺いて軽量化をはかっている。

②建物の四隅や要所には通柱《とおしばしら》を建てている。

③一階の壁には高さ1mまで煉瓦《れんが》を充填して、建物の浮き上りを防いでいる。

この他にも、『移築工事報告書』の写真から、小屋組は洋風で斜材が入り、壁にも筋かいを確認することができる。ただし上記③については、耐震性をどこまで向上させるか定かな実験データはなく、かえって煉瓦が湿気を含み、これに接する木部を腐食させる可能性がある。このため移築に際しては、一部にその技法を残して他の部分は煉瓦積を取りやめ、アンカーボルト締めにするという変更がなされている。(107)

西郷従道邸に関して、直接、関東大震災の影響を語る記録は見つかっていないが、設計者のレスカースによる地震への配慮に加え、地盤が堅く揺れがそれほど大きくなかったことを考え合わせると、少なくとも建物本体の被害はほとんどなかったと考えられる。

西郷従道邸は第二次世界大戦後、日本国有鉄道の所管となり、敷地内の多くの建物は取り壊されたが、洋館は昭和39年（1964）に明治村へ移築された。昭和40年から国の重要文化財に指定されている。

(5) 各地におよんだ震災の影響

西園寺公望邸「坐漁荘」

第1章で述べたように関東大震災の影響は全国におよび、国民すべてがいまさらながらに地震の恐ろしさを痛切に感じたということは疑う余地がない。このため、被災地から離れた場所にあり、被害など直接の影響は少なくとも、震災の影響で、耐震や耐火のための改修が行われ

図83　3丁目27番地にある西園寺公望邸「坐漁荘」

た建物があっても不思議ではない。博物館明治村にもそのような建物がある。表6の番外にリストアップされた2つの建物がそれにあたる。

一つ目は3丁目27番地にある西園寺公望《きんもち》邸「坐魚荘」である（図83）。この建物は、西園寺公望が政治の第一線から退いた後に、駿河湾奥の興津町の海岸に建てた別邸である。西園寺公望は各国公使、各大臣を歴任し、明治39（1906）年には伊藤博文のあとを受け、政友会を率いて内閣を組織した。その後、我が国の元勲と呼ばれるにいたった人物である。

建物は、旧東海道に沿って建てられた低い塀の奥に、玄関、台所、二階建座敷等の屋根が幾重にも重なるものである。木造桟瓦葺《さんがわらぶき》で軒先に軽い銅板を廻らした純和風建物である。(35) 現在、二階の座敷の障子を開け放つと、遠い山並みを背景に入鹿池が見渡せる。興津に建てられた当時は、右手に清水港から久能山が、左手に伊豆半島が遠望された。関東大震災の影響は多少あったようで、文献(110)の表1・2「坐魚荘他、建物関係略年表」によれば、震災直後に修理されたという「東京朝日新聞」の記録がある。なお、興津町には住家の全潰や半潰の報告がなく、報告のある同

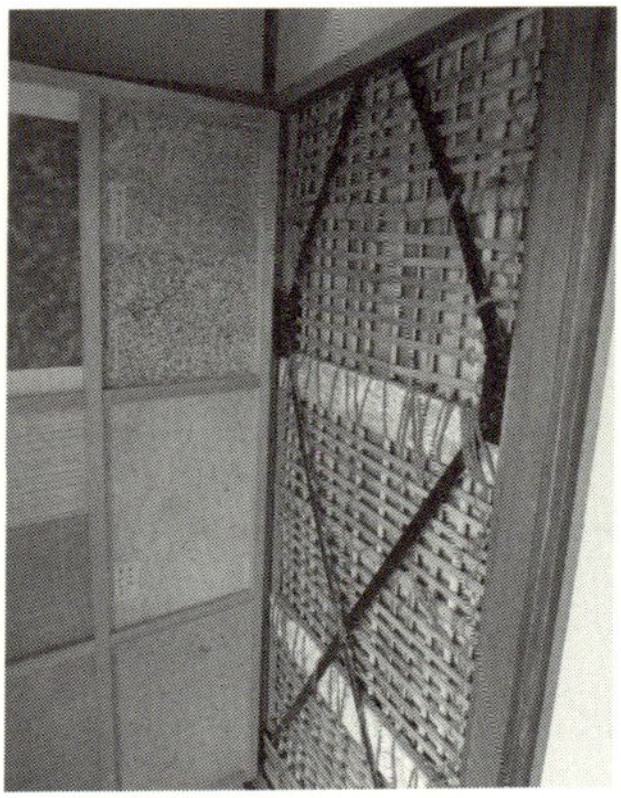
図84　「坐漁荘」の壁の内部に見られる鉄板の筋かい金物

じ庵原郡《いはらぐん》の富士川町や由比町でも全潰率は0％であり、震度は5弱以下と考えられる[39]。
震災後の昭和4（1929）年に、海に面した座敷の横に洋間が、さらにその奥には化粧室や便所等が増築された。平成24（2012）年から26年にかけての修理工事にともなう調査によって、昭和4年の工事が主屋部分も含む大規模な増改築工事であったことがわかってきた[110]。
現地の説明板には、「見えないところでしっかりと！」と題して、「床下や壁の内側などの隠れた部分には、振止めと呼ばれる、明治時代の洋館建築とともに伝わった構法や、関東大震災後に発案された薄い鉄板の筋違《すじかい》金物による補強といった、耐震性に配慮した先進的な取り組みも見られます」と書かれている。
それに対応するように、一階座敷の縁側廊下の壁には、一部分壁の内側の筋かいが見られるよう工夫されているところがある（図84）。また、調査によって一階床組の土台と柱、土台相互の仕口に補強金物があることなどもわかってきた。使用されている筋かい補強金物や仕口補強金物は、それぞれ関東大震災後の大正14（1925）年と大正13年に実用新案が出願されている建築金物であり、昭和4年の増改築時に整備された可能性が高いとも指摘されている[110]。つまり関東大震災の影響を受けて耐震補強がなされたものと考えてほぼ間違いない。さらに博物館明治村では、構造実験を通じてこれらの補強が耐震性を高めるためで有効なものであることも確認されている。(110)

昭和4年の増改築後の昭和10年11月26日には、北伊豆地震（M7・3）が発生したが、坐魚荘は小修理で済んだという記録が「東京朝日新聞」にある［文献(110)の表1・2］。ちなみにその際の興津町付近の震度は4・5程度と推定される。(26)さらに昭和19年12月7日には東南海地震（M7・9）が発生し、興津町ではかなりの被害があり、住家全潰32戸、半潰150戸、全潰率1・6％で、震度は6弱相当と推定される。(111)それにもかかわらず、文献(110)の表1・2には、坐漁荘が被災したとの記録はない。報道管制が敷かれていた戦時中の出来事であり詳細は定かではないが、現状から考えると大きな被害が出た形跡は確認できない。関東大震災後の耐震補強の効果が表れたということであろうか。

芝川又右衛門邸

二つ目の建物は3丁目68番地にある芝川又右衛門邸である（図85）。この建物は大阪の豪商芝川又右衛門の別荘として建てられたものである。設計者は京都高等工芸学校（現在の京都工芸繊維大学）図案科主任で、後に京都帝国大学建築学科の創設者となる武田五一である。(35)

芝川又右衛門は明治29（1896）年に果樹園「甲東園」を拓き、明治44年に別荘としてこの建物を建築、さらに日本庭園や茶室等を整え、関西財界人との交友の場としていた。(112)現在、甲東園近くを通る阪急今津線（当時は阪神急行電鉄西宝線）は大正10（1921）年に開通していたが、甲東園には停車場がなかったため、芝川又右衛門は駅の設置を電鉄会社に依頼し、設置費用と周辺の土地一万坪を提供した。このことが甲東園一帯の土地開発の端緒となったといわれている。(35)

図85　3丁目68番地にある芝川又右衛門邸

明治44年の完成当初の建物は、外壁は杉皮張、一階ホールは聚楽壁《じゅらくかべ》に網代《あじろ》と葦簾《よしず》を市松状に用いた天井が用いられ、二階の座敷には暖炉が設けられるなど、全体として和の中に洋があしらわれた意匠であった。それを見た家族が「畳がリノリームになっただけで、まるで洋館らしいところはない」と言ったという。(35) 博物館明治村にある現在の洋館とはかなり様相が異なっていた。これはその後、何度か増改築がなされたためで、特に昭和2（1927）年に隣接地に和館を増築する際、耐火を意識し、外壁が杉皮張からスパニッシュ風な壁（ドイツ壁、モルタル掃き付け仕上げ）に変更された影響が大きい。(112) 改築前と現在の様子を比較して図86に示す。関東大震災の際、木造建築が火災で大きな被害を受けたことから、外壁にスパニッシュ風な壁を用いることが大正末から昭和初期にか

図86　スパニッシュ風なモルタル仕上げの壁に改築された邸宅（現在の様子：左）と杉皮張の壁をもつ創建当初の邸宅（博物館明治村展示写真：右）

けて、特に関西を中心に流行し、その影響を受けたものと考えられている。[35]

　この建物が明治村へ移築されるきっかけは、平成7（1995）年の阪神・淡路大震災である。被害は、建物東側（移築後は南側）の煉瓦《れんが》煙突の二階床レベルより上部が折損し粉砕、内外壁にもひびわれが生じた。[112]甲東園は震度7を記録したいわゆる「震災の帯」からは外れており、西宮市デジタルライブラリーの全壊マップ[113]では、この建物があった上甲東園2丁目の全壊率は最も低いランクの0－20％である。おそらく震度は6弱くらいの揺れであったと判断される。それを受けて、建物はいったん平成7（1995）年秋に解体された。博物館明治村への移築が決定されたあとは、平成17年1月に修復工事に着手、平成19年9月に竣工した。[112]平成20年からは国の登録有形文化財に指定されている。

第8章

災害軽減への道——木造住宅の耐震化を例に

地震災害を防ぐためには、来たるべき地震やそれによる災害を予測し、それに対処すべく地震対策を行うというのが、今日通常とされる考え方である。ところがその根幹となるべき予測が果たして人間にできるのかという疑問から本書は始まった。その際、関東大震災の東京で地震の揺れが収まってからでも、あれほど大きな被害になるとは予測できず、反省の弁を残した藤原咲平《さくへい》や寺田寅彦などを紹介し、人間は本来予測が苦手であるということも指摘した。

一方で、関東大震災の復興を成し遂げた人々によって建立された茅ケ崎市の小和田熊野神社にある「大震災碑」(昭和5年8月建立)の記載から「人事のあえてよくする所」、すなわち人間が得意とするのは「救済の道をして遺算なからしむ」。災害を被った際に人々は助け合ってそれらを間違いなく凌ぐ力が備わっているということを知り、被災地でない愛知・名古屋に残る関東大震災に関する石碑や遺構を通して、国家存亡の機から復興した人々について学んできた。

その際、「大震災碑」が「人事のあえてよくする所」としてもう一つあげている「災禍の範囲を縮狭《しゅくきょう》する」ということが気になった方もおられたのではないだろうか。なぜ、予測が苦手な人間が、被害の範囲を狭めることができるのだろうか。最終章では、わが国における木造住宅の耐震化への道程を例に、その点も含めて「災害軽減への道」について考えてみたい。

伝統木造の問題点

第二次世界大戦後の日本の木造建築の育ての親と言っても過言ではない杉山英男はその著書『地震と木造住宅』[114]で、「戦後強くなったものは、女性と靴下となんとかというふうに一部でいわれるが、私は、戦後強くなったものにぜひ『木造住宅』を加えなくてはならないと思っている」と述べている。

では、戦前の木造住宅はいかなるものであったのか。〝建築構造学の父〟と呼ばれる佐野利器《とし かた》は、江戸時代から続く日本の伝統的木造住宅について以下のように述べている。[115]「(わが国では) 古来幾多の災害に苦しみ来ったに拘《かか》わらず、木造家屋には、従来ほとんど特種の耐震的工夫が凝らされて居なかったということは不思議の次第である」

伝統的木造住宅の耐震上の問題点をいち早く指摘したのは、明治の初期に来日したお雇い外国人たちであった。先に西郷従道《つぐみち》邸の設計者として紹介したフランス人の建築家レスカースは明治10(1877)年に日本の木造建物の耐震上の問題点を以下のように指摘している。[116]

一、土台を欠く
二、屋根の重量が過大
三、小屋組に斜材を欠く
四、壁に筋かいがない
五、障子の壁(水平力に弱い)

明治初期以降、日本人によって見よう見まねで洋風建築が建てられたが、それらの多くは建物の外観は洋風であっても、内部の構造は江戸時代以来の伝統木造の流れを踏襲するもので、レスカースの指摘する耐震上の問題点はほとんどクリヤーされることはなかった。(114)西郷従道邸について「当時としては他に類を見ない耐震設計」と書いたのは、そのような意味を込めてのことである。

このような木造住宅が大きな被害を受けて、国をあげて耐震設計の研究を進める契機となった地震が明治24年の濃尾地震である。その際、被災地を見て回ったコンドルも当時唯一の建築に関する専門雑誌であった『建築雑誌』で、日本式の木造住宅の弱さを指摘し、そのうえで「木造家屋の全体に筋違《すじかい》を入れて三角形に致し、何れの部分も変形せぬ様に作り、そうして接ぎ手が充分になって居れば地震の際には……菱形に変形しようはありますまい」(弟子の滝大吉が講演を訳す)と述べている。(116)

エリートと大工

このような主張は、それ以降も彼らに学んだ大学出のエリートたちによって、耐震化への構法の提案として大工の棟梁たちに投げかけられるが、江戸時代からの木造の技術を伝承する大工の棟梁たちには容易に受け入れられず、このような水と油の関係は第二次世界大戦後まで続いたという。杉山英男は、戦前の日本の木造建築には「エリートの木造」と「大工の木造」の二つの流れがあったと述べている。(114)耐震基準の制定は、そんななかでエリートが打った一つの打開策であった。

大正9（1920）年に市街地建築物法が制定され、その施工規則で次のような規定が盛り込まれた。要約すると以下の通りである。(117)

（1）主要構造材の継手《つぎて》および仕口《しぐち》の主要なものはボルト締めなどで緊結する。
（2）主要な柱は掘立てとしない。
（3）柱の下部には土台を設け、土台や敷桁《しきげた》などの隅角には火打ち材を入れる。
（4）柱の太さを確保し、断面積の三分の一以上欠き取る場合は補強する。
（5）三階建木造建築物などには筋かいを入れる。

さらに大正12年の関東大震災の翌年の改正で、二階建、平屋建にも筋かいを入れるよう規定された。しかしながら、この法律は名前が示すようにあくまで「市街地」を対象としたもので、当初は6大都市だけに適用され、その後も昭和10（1935）年時点で7市5町6村が増えたにすぎなかった。(114) また、6大都市の市域の範囲も例えば名古屋市を例にとれば、現在の16区に対して、昭和10年時点では4区、12年時点で10区とかなり狭い範囲であったことにも注意が必要である。

関東大震災のあと、昭和に入って次々に起こる大地震に対して、木造住宅の耐震化が進まない現状に対するエリートの苛立ちを示す言葉が残されている。東京工業大学教授の田邊平學《たなべへいがく》は、その著書『耐震建築問答』の中で次のように述べている。(118)

「大工職の人々に一言お願い致《いた》し度《た》いと思います。大工職の人々の中には『筋違《すじかい》（筋交い）』をいれねば保たぬ様な家は、俺は建てぬ』などと啖呵《たんか》を切って、筋違を入れることを、大きな恥辱でもあるかのように考えている人がありますが、これは飛んでもない心得違いであります。……『筋違』の完全な入れ方を知らぬ者は、これからの大工職としては資格が無いものと心得て、自由に且《か》つ有効に筋違を使いこなす事の出来る腕を誇る様になって欲しいと願って止まぬ次第であります」

また、田邊は柱と梁などを接合する場合に、仕口と呼ばれるほぞとほぞ穴を組み合わせる伝統木造における方法が、結局は柱の断面を小さくして強度を弱めることを指摘し、金物を使って柱と梁を緊結することや方杖《ほうづえ》と呼ばれる斜め材で補強することを強調している。そんな田邊の有名な言葉に「大工の手からノミを奪え」というのがある。これは、昭和2年の北丹後地震の直後に、神戸新聞に出した啓蒙警告の記事の題名である。日本の大工がノミを使って仕口を精巧につくることに精力を費やし、近代的な考え方に基づく建物の耐震化に不熱心であることを指摘したものである。[119]

建築基準法とその効果

このような状況は結局、昭和25（1950）年の建築基準法の制定まで続いた。[114] 建築基準法は長年の懸案だった筋かいを入れるなどした耐力壁（地震の揺れに抵抗できる壁）の量（壁量）

を規定し、それを全国すべての建築物に適用することを義務づけた。さらに昭和34年に壁量を増やし、昭和46年には基礎を布基礎にすることを規定、昭和56年に壁量を当初の約2倍まで増加させたいわゆる新耐震設計基準が定められた(114)。

博物館明治村にある建築物は、そのほとんどが耐震基準のできる前に建てられたものである。本書で取り上げた明治村にある和風木造住宅と現在我々が住む木造住宅を見比べてみてほしい。明らかに今の住宅の方に壁が多いことがわかる。文献(119)が指摘するように、これには生活スタイルの変化もあるが、耐震基準がそうさせたという面も大きい。本書で紹介した木造住宅はもちろん、他にも大地震の洗礼を受けて生き延びてきたという実績のあるものもあるが、一方で耐震壁を重視した現在の耐震基準に適合しない面もある。昔の様式を維持しつつ現在の耐震基準に適合させるということは容易なことではないが、文化庁の指針（例えば文化財保護部長通知(120)）などを参考に文化財を耐震化する努力が続けられているということも申し添えたい。

以上のように弛まぬ努力によって積み上げられてきた耐震化の効果を検証するために、明治初期以降［明治5（1872）年から平成29（2017）年まで］にわが国を襲った地震で死者数（関連死は含まない）の多い順に20の地震を選び表11を作成した。直接の死者100名以上を出した地震がずらっと並んでいる。また地震の規模を示す気象庁によるマグニチュードMはすべて6・8以上であることもわかる。表では被害の主な原因を震動（建物倒壊）と津波に分けて地震を分類した。地震後、大火災が発生したケースは（火災）として震動の被害に含め

表11　明治初期以降の被害地震、死者数（関連死は含まない）の多い順20［文献(119)に加筆］

西暦年月日	地震名	M	死者数	主な被害原因
1923.9.1	関東大震災	7.9	105,385	震動（火災）
1891.10.28	濃尾地震	8.0	7,273	震動（火災）
1995.1.17	阪神・淡路大震災	7.3	5,502	震動（火災）
1948.6.28	福井地震	7.1	3,728	震動
1927.3.7	北丹後地震	7.3	2,925	震動（火災）
1945.1.13	三河地震	6.8	2,306	震動
1943.9.10	鳥取地震	7.2	1,083	震動
1894.10.22	庄内地震	7.0	726	震動
1872.3.14	浜田地震	7.1	552	震動
1925.5.23	北但馬地震	6.8	428	震動
1930.11.26	北伊豆地震	7.3	272	震動
1896.8.31	陸羽地震	7.2	209	震動
1896.6.15	明治三陸津波	8.5	21,959	津波
2011.3.11	東日本大震災	9.0	18,526	津波
1933.3.3	昭和三陸津波	8.1	3,008	津波
1946.12.21	南海地震	8.0	1,432	津波
1944.12.7	東南海地震	7.9	1,183	津波
1993.7.12	北海道南西沖地震	7.8	230	津波
1960.5.23	チリ津波	–	139	津波
1983.5.26	日本海中部地震	7.7	104	津波

＊東日本大震災は平成25年12月10日現在の警察庁発表資料

＊東南海地震は文献（111）による集計

＊死者数は地震による直接の死者数で関連死を含まない。

＊影付きは1950（昭和25）年以降の地震

た。家屋が倒壊すると十分な初期消火ができずに延焼火災になることが多いからである。[121] さらにほぼ中間年の昭和25（1950）年を境にそれ以降の地震に関しては影を付けて区別した。

表11からわかることは、まず第1に津波を主原因とする被害地震は全部で8地震あり、その数は昭和25年の前後で4つずつと変化がないということである。第1章で述べたように人間の

予測能力の改善が、時代が下っても一行に進んでいないことを表す結果である。一方で震動による被害は昭和25年以降では阪神・淡路大震災の一つに過ぎず、これは昭和25年に制定された建築基準法によって住宅の耐震化が着実に進み、住宅がぺちゃんこに潰れて人の命を奪うことが少なくなってきたことを表している。表12は全国的に地震活動が盛んになってきた平成12（2000）年以降でMが6・5以上、死者1名以上を出した地震のリストである。[122] 死者数には関連死も含まれているため備考にわかる範囲で関連死の数を示した。死者数から関連死の数を除くと、最大は平成28（2016）年の熊本地震で55名の直接死となる。最大でも表11にリストアップされた地震に比べて少ない死者数に止まっていることがわかる。この他にも平成12年の鳥取県西部地震（M7・3）や平成26年の長野県北部地震（M6・

表12　平成12(2000)年以降に発生した主な被害地震[文献(122)より作成]

西暦年月日	地震名	M	死者数	備考
2000.7.15-30	新島・神津島近海	6.5	1	最大 M6.5 の 3 地震
2001.3.24	芸予地震	6.7	2	
2003.9.26	十勝沖地震	8.0	2	津波で不明 1 名
2004.10.23	新潟県中越地震	6.8	68	関連死（52）
2005.3.20	福岡県西方沖地震	7.0	1	
2007.3.25	能登半島地震	6.9	1	
2007.7.16	新潟県中越沖地震	6.8	15	関連死 (4)
2008.6.14	岩手・宮城内陸地震	7.2	23	多くは土砂災害による
2008.7.24	岩手県沿岸北部	6.8	1	
2009.8.11	駿河湾地震	6.5	1	
2011.3.12	長野県北部地震	6.7	3	全て関連死
2011.4.7	宮城県沖地震	7.2	4	
2011.6.30	福島県浜通地震	7.0	4	
2012.12.7	三陸沖地震	7.3	1	
2016.4.14	熊本地震	7.3	255	関連死 (200)

＊ M6.5 以上で死者 1 名以上を出した地震を選択

7)など比較的規模が大きい地震も内陸直下で発生しているが、いずれも直接の死者数はゼロである。

なお、阪神・淡路大震災については、建築基準法が制定される契機となった昭和23(1948)年の福井地震と比較して、同じ震度7の地域で、木造住宅の全壊率が三分の一に減少していたとする指摘もある。[123] 一方で多くの住宅が倒壊し、多くの死者を出したことも事実である。

その原因について杉山英男は、昭和25年の建築基準法制定以前の建物が多く残っていたこと、1960年代の建物に基準法の意図を十分に理解せずに建てられた劣悪な木造アパートや住宅の存在をあげている。[114] 一方で、これは杉山も認めるところであるが、第二次世界大戦後、エリートたちの興味が木造よりむしろ建築技術の最先端であった鉄筋コンクリート造や鉄骨造へと向けられて研究者が少ない状況が続いていたことをあげることができる。このことが現場への啓蒙活動や建物の強度の見積もりなどに少なからず影響を与えていた可能性は否定できない。この震災を契機として、多くの研究者が加わって木造の研究は急速に進展してきている。

減災と復興

建築基準法に代表される耐震化への努力で注目すべきは、特定の地震やその揺れを予測しての対応ではないということである。近代科学をもってしても、未来を正確に予測することは人間にとって難しい。予測が苦手な人間に対して、関東大震災から鎌倉市の建長寺を再建した菅原時保《じほう》老師は、自らが中心となって立てた供養塔の前の碑（昭和5年9月1日建立）に、「(震災の教訓は) 人生無常の実際に覚醒《かくせい》すること」と記している。(19)「現前の予測に期待することなく日頃から過去を反復想定し、あらゆる可能性を覚悟しておく」ということだろうか。

建築基準法の耐震規定はとかく経験的だとか、後付けだとかいわれて批判されることも多い。しかしながらここで示した木造住宅の耐震化への努力は、安易な予測に頼ることなく、過去の地震災害から反復して学び、人間が生活するうえで無理のない範囲において最低限の「人間の命を地震から守る」という目標の下に進められてきた。その結果、前述のように大きな成果をもたらしたのである。どこか菅原時保老師の教えに適うことのように思われる。

予測が苦手で正確にできない以上、被害をゼロにするような完璧な地震対策を立てることはできない。しかしながら、繰り返される過去の地震災害に学び、科学技術を上手に利用して、地道に無理のない範囲で対策を進めていけば、「災禍の範囲を縮狭《しゆくきよう》する」こと、つまり減災は可能である。

減災である限り必ず被災する。その時こそ、「救済の道をして遺算なからしむ」という人間が本来得意とする能力を発揮して復興を目指すのである。減災とスムーズな復興こそが、我々が地震に向き合う際の両輪となるべきであろう。そのためには、連携や協力や助け合いなど人間が本来得意とする能力を日々磨きあげておくことも重要である。

最後に、津波による犠牲者が減らない現状について。津波から完璧に人々の生活を守ろうとする結果、高い堤防を築き、土地を嵩上げし、高所への移転を促すこともいいが、来たるべき津波を完全に予測することが無理である以上、上記のような防災対策が、反って「人生無常」の意識を低下させることがないか心配になる。またそれらの対策が人間の生活に対して無理のない範囲で進められているかも気がかりである。建築基準法による建物の耐震化と同様に最低限「人間の命を守る」ということからすれば、地震の直後に各人の頭をかすめる「津波」の2文字を、自らの安易な予測に基づいてかき消すことなく、「人生無常の実際に覚醒して」すぐに高所へ避難することが望まれるのである。

これは建物の耐震化と異なり、人々に強制力のある法律をもって規定することができない。耐震規定のない状況で施主や施工者の判断に任せ、従来のやり方や経済性にとらわれず、耐震性を最優先に建物を建ててほしいと要求しているようなものである。我々がこれから乗り越えねばならない大きな課題であるといえる。

参考文献

（1）武村雅之『未曾有の大災害と地震学』古今書院、２００９年、全２０９頁
（2）武村雅之『関東大震災—大東京圏の揺れを知る』鹿島出版会、２００３、全１３９頁
（3）東京市編『復興』、１９３５年（写真貼込帳）
（4）武村雅之『天災日記—鹿島龍蔵と関東大震災』鹿島出版会、２００８年、全３０２頁
（5）寺田寅彦「震災日記より」１９３５／『天災と国防』講談社学術文庫、２０１１年、９０−１０３頁
（6）中村清二「大地震による東京火災調査報告」『震災予防調査会報告』第１００号戊、１９２５年、８１−１３４頁
（7）東京市『震災ニ因ル日本ノ損失』１９２５年、全１８４頁
（8）内閣府「東日本大震災における被害額の推計について」（平成23年6月24日記者発表資料）全3頁、www.bousai.go.jp/2011daishinsai/pdf/110624-1kisya.pdf
（9）世界の経済・統計情報サイト「日本のGDPの推移 1980-2017」（世界経済のネタ帳）http://ecodb.net/country/JP/imf_gdp.html
（10）大川一司・高松信清・山本有造『国民所得』（長期経済統計—推計と分析1）、東洋経済新報社、１９７４年、全２６２頁
（11）内閣府「GDPとGHI（GNP）の違いについて」（国民経済計算（GDP）について）http://www.esri.cao.go.jp/jp/sna/otoiawase/faq/qa14.html
（12）財務省「明治初年度以降一般会計歳入歳出予算決算」（統計表一覧）http://www.mof.go.jp/budget/reference/statistics/data.htm

(13)大里勝馬『明治以降本邦主要経済統計』日本銀行統計局、1966年、全616頁
(14)松元崇『恐慌に立ち向かった男　高橋是清』中公文庫、2012年、全419頁
(15)諸井孝文・武村雅之「関東地震（1923年9月1日）による被害要因別死者数の推定」『日本地震工学会論文集』第4巻第4号、2004年、21－45頁
(16)内務省社会局『大正震災志』下巻、1926年、全836頁
(17)北原糸子「関東大震災における避難者の動向──「震災死亡者調査票」の分析を通して」研究紀要『災害復興研究』第14号、2012年、43－51頁
(18)内閣府「全国の避難者等の数」2011年6月15日、全4頁　http://www.cao.go.jp/shien/1-hisaisha/1-hinansha.html
(19)武村雅之『復興百年誌──石碑が語る関東大震災』鹿島出版会、2017年、全294頁
(20)武村雅之「遠隔地に建立された関東大震災の慰霊碑」『地質工学』第13輯、2015年、1－15頁
(21)北原糸子「関東大震災の避難民──地方の行政資料から」研究紀要『災害復興研究』第13号、2011年、141－165頁
(22)内務省社会局『大正震災志』上巻、1926年、全1236頁
(23)橘宗一少年墓碑保存会『九月は苦の月──橘宗一少年の墓碑保存運動の十年』1985年、全40頁
(24)武村雅之『関東大震災を歩く──現代に生きる災害の記憶』吉川弘文館、2012年、全328頁
(25)長野市誌編纂委員会『長野市誌』第14巻資料編近現代、2002年、全887頁
(26)宇佐美龍夫・石井寿・今村隆正・武村雅之・松浦律子『日本被害地震総覧 599-2012』東京大学出版会、2013年、全694頁
(27)善光寺事務局『信州善光寺案内』しなのき書房、2009年、全131頁
(28)武村雅之「兵庫県西宮市、加古川市における関東大震災の慰霊碑調査」『中部「歴史地震」研究年報』第

5号、2017年、121－126頁
(29) 大国正美『兵庫県謎解き散歩』新人物往来社、2001年、全295頁
(30) 神呪寺『甲山・神呪寺史』1981年、全54頁
(31) 中部建設協会『今も生きる濃尾地震』2011年、全103頁
(32) 岐阜測候所『大震報告』1894年、全193頁
(33) 羽賀祥二「濃尾震災紀念堂の建立と維持」『名古屋大学文学部研究論集（史学）』第61巻、2015年、117－140頁
(34) 西村道代「紀念堂とともに―天野若圓以来120年」『歴史地震』第30号、2015年、181－184頁
(35) 博物館明治村『博物館明治村ガイドブック』2013年、全160頁
(36) 武村雅之「博物館明治村と関東大震災―多くの建造物が体験者だった！」『中部「歴史地震」研究年報』第6号、2018年、121－170頁
(37) 武村雅之「1923年関東地震による東京中心部（旧15区内）の詳細震度分布と表層地盤構造」『日本地震工学会論文集』第3巻第1号、2003年、1－36頁
(38) 武村雅之・諸井孝文「1923年関東地震に対する東京都23区内（旧郡部）での詳細震度分布」『歴史地震』第18号、2002年、97－115頁
(39) 諸井孝文・武村雅之「関東地震（1923年9月1日）による木造住家被害データの整理と震度分布の推定」『日本地震工学会論文集』第2巻第3号、2002年、35－71頁
(40) 北原糸子『写真集関東大震災』吉川弘文館、2010年、全419頁
(41) 内務省社会局『大正震災志写真帖』1926年、全166頁
(42) 千代田区総務部総務課『新編千代田区史』（通史編）1998年、全1246頁

(43) 東京市『東京震災録』(中輯)、1926年、全706頁
(44) 鹿島建設『KAJIMA』10月号、2010年
(45) 永田悆郎「鉄筋「コンクリート」造被害調査報告」『震災予防調査会報告』第100号丙下、1926年、186-211頁
(46) 日本赤十字社『大正十二年関東大震災日本赤十字社救護誌』1925年、全1067頁
(47) 明石信道『フランク・ロイド・ライトの帝国ホテル』建築資料研究社、2004年、全167頁
(48) 建築資料研究会『川崎銀行』最新建築設計叢書第一期第十二集、1927年、全4頁
(49) 国立公文書館『内閣文庫百年史』汲古書院、1985年、全446頁
(50) 日本図書館協会『近代日本図書館の歩み』本編、1993年、全818頁
(51) 井上一之「帝都大火災誌」『震災予防調査会報告』第100号戊、1925年、135-185頁
(52) 新修名古屋市史編集委員会『新修名古屋市史』第5巻、2000年、全867頁
(53) 新修名古屋市史編集委員会『新修名古屋市史』第6巻、2000年、全903頁
(54) 久住典夫『目で見る名古屋の100年』上巻、郷土出版社、1999年、全146頁
(55) 皇宮警察史編さん委員会『皇宮警察史』1976年、全1091頁
(56) 小玉正任『国宝迎賓館赤坂離宮—沿革と解説』2012年、全83頁
(57) 田原桂一『迎賓館赤坂離宮』2016年(頁付なし)
(58) 宮内庁書陵部図書課宮内公文書館『摂政宮と関東大震災—宮内庁の記録から』昭和天皇記念館・宮内庁宮内公文書館共催展図録、2013年、全67頁
(59) 復興記念館収蔵品データベース http://tokyoireikyoukai.or.jp/kinenkan/search/
(60) 学習院『学習院の百年』1978年、全131頁
(61) 学習院百年史編纂委員会『学習院百年史』第1編、1981年、全875頁

(62) 学習院『開校五十周年記念、学習院史』1928年、全160頁
(63) Wikipedia「皇室用客車」https://ja.wikipedia.org/wiki/%E7%9A%87%E5%AE%A4%E7%94%A8%E5%AE%A2%E8%BB%8A
(64) 鉄道省『国有鉄道震災誌』1927年、全1364頁
(65) 大井工場創立100周年記念行事年史編さん分科会『百年史』1973年、全454頁
(66) 大井工場90年史編さん委員会『大井工場90年史』1963年、全453頁
(67) 博物館明治村『鉄道寮新橋工場・機械館、鉄道局新橋工場』明治村建造物移築工事報告書第8集、1995年、全122頁
(68) Wikipedia「新大橋」https://ja.wikipedia.org/wiki/%E6%96%B0%E5%A4%A7%E6%A9%8B#.E6.A9.8B.E3.81.AE.E6.AD.B4.E5.8F.B2
(69) 竹内六蔵「大正十二年九月大震火災に因る死傷者調査報告」『震災予防調査会報告』第100号戊、1925年、229-264頁。
(70) 武村雅之『手記で読む関東大震災』古今書院、2005年、全190頁
(71) 博物館明治村『品川燈台、菅島燈台附属官舎、小那沙美島燈台』明治村建造物移築工事報告書第2集、1978年、全150頁
(72) 横須賀市『新横須賀市史』別編(文化遺産)、2009年、全1079頁
(73) 土木学会『大正12年関東大地震震害調査報告書』第1巻(河川・灌漑・砂防・運河・港彎之部)、1926年、全186頁
(74) 博物館明治村『六郷川鉄橋』明治村建造物移築工事報告書第9集、1996年、全150頁
(75) 横須賀市自然・人文博物館『すべては製鉄所から始まった—Made in Japan の原点』2015年、全165頁

(76) 木村麗「国産の鉄製部材とセメントとガラスの製造のあけぼの（その1）明治初期に設置された工部省」建築技術アーカイブス〈材料〉国産化のあゆみ、研究開発コンソーシアム、２０１０年、（頁付なし）
http://www.conso.jp/
(77) 西堀昭『増訂版　日仏文化交流史の研究』１９８８年、全８７６頁
(78) 木村麗「国産の鉄製部材とセメントとガラスの製造のあけぼの（その2）鉄製部材や機械の製造　工部省　赤羽工作分局」建築技術アーカイブス〈材料〉国産化のあゆみ、研究開発コンソーシアム、２０１０年、（頁付なし）http://www.conso.jp/
(79) Wikipedia「新日鐵住金釜石製鐵所」https://ja.wikipedia.org/wiki/%E6%96%B0%E6%97%A5%E9%90%B5%E4%BD%8F%E9%87%91%E9%87%9C%E7%9F%B3%E8%A3%BD%E9%90%B5%E6%89%80
(80) 日本赤十字社HP　http://www.jrc.or.jp/about/
(81) 日本赤十字社医療センターHP、沿革・歴史 http://www.med.jrc.or.jp/hospital/tabid/105/Default.aspx
(82) 日本赤十字社『日本赤十字社百年史—人道その歩み』１９７９年、全９７５頁
(83) 佐藤好「煉瓦造被害調査報告」『震災予防調査会報告』第１００号丙上、１９２６年、55－１７８頁
(84) 東京都水道局『淀橋浄水場史』１９６６年、全３２４頁
(85) 一般社団法人地歴考査技術協会（JHICO）が著作権を有する透過方式の地図（JHICO MAP）
(86) 先駆者たちの大地「ゼロエミッションを完結する「環」株式会社荏原製作所　荏原創業者畠山一清」、５～６月号（第43巻）、２０００年、http://archive.fo/Upx29
(87) 中村亮一「１９２１年竜ヶ崎付近の地震と１９２３年関東地震による玉川上水被害と給水への対応—淀橋浄水場予備ポンプを中心に」、中部「歴史地震」研究懇談会、２０１７年発表
(88) 土木学会『大正12年関東大地震震害調査報告書』第２巻（上水道・下水道・瓦斯工事之部）、１９２７年、１８９－４０１頁

(89) 北里研究所『北里研究所五十年誌』1966年、全863頁
(90) 北里研究所『北里研究所七十五年誌』1991年、全850頁
(91) 木村麗「国産の鉄製部材とセメントとガラスの製造のあけぼの（その4）ガラス器具の製造と板ガラス製造の試み　工部省　品川工作分局」建築技術アーカイブス〈材料〉国産化のあゆみ、研究開発コンソーシアム、2010年、（頁付なし）http://www.conso.jp/
(92) 田島慶三「日本の板ガラス工業の発祥」『化学と工場』第64巻第8号、2011年、617–619頁
(93) 田島慶三「日本の板ガラス技術の歴史—日本化学会化学遺産認定」、特集3、2014年（頁付なし）https://www.chart.co.jp/subject/rika/scnet/49/Snet49-3.pdf
(94) 三共六十年史刊行委員会『三共六十年史』1960年、全338頁
(95) 物部長穂「煙突竝に搭乗構造物震害調査報告」『震災予防調査会報告』第100号丁、1926年、69–108頁
(96) 三共株式会社八十年史編集委員会『三共八十年史』1979年、全453頁
(97) 外務省通商局『外国義捐金品一覧表』1924年、全113頁
(98) 電気通信大学六十年史刊行委員会『電気通信大学六十年史』1980年、全794頁
(99) 西坂勝人『神奈川県下の大震災と警察』1926年、全496頁
(100) Wikipedia「米村嘉一郎」https://ja.wikipedia.org/wiki/%E7%B1%B3%E6%9D%91%E5%98%89%E4%B8%80%E9%83%8E
(101) 齋藤達志「関東大震災における米国の支援活動の役割と影響」『軍事史学』第48号第1号、2012年、46–66頁
(102) 文化財ナビ愛知「愛知県の国・県指定文化財と国の登録文化財」／明治村幸田露伴住宅　蝸牛庵 https://www.pref.aichi.jp/kyoiku/bunka/bunkazainavi/yukei/kenzoubutu/kunitouroku/1099.html

(103)「年譜」『幸田文全集』第23巻、岩波書店（1994.12-2003.6）、４９６－４９７頁
(104)幸田文「みそっかす」『幸田文全集』第2巻、岩波書店（1994.12-2003.6）、４－６頁
(105)幸田文「大震災の周辺にいて」「渋くれ顔のころ」『幸田文全集』第18巻、岩波書店（1994.12-2003.6）、１２４－１３４頁
(106)田山花袋『東京震災記』河出文庫、２０１１年、全２５６頁
(107)博物館明治村『西郷従道邸・東松家住宅』明治村建造物移築工事報告書第１集、１９７８年、全１５０頁
(108)平山育夫「旧西郷従道住宅の建築年代と住宅の整備について」『日本建築学会計画系論文集』第81巻第７２８号、２０１６年、２２８９－２２９６頁
(109)地質調査所「関東地震調査報告」第一、『地質調査所特別報告』第1号、１９２５年、全２０４頁
(110)博物館明治村『西園寺公望邸「坐魚荘」修理工事報告書』２０１５年、全４０７頁
(111)武村雅之・虎谷健司「１９４４年東南海地震の広域震度分布の再評価と被害の特徴」『日本地震工学会論文集』第15巻第7号、２０１５年、２－21頁
(112)博物館明治村『芝川又右衛門邸』明治村建造物移築工事報告書第12集、２０１０年、全２１３頁
(113)西宮市デジタルライブラリー阪神・淡路大震災、街区別全壊世帯状況図 http://www.nishi.or.jp/homepage/digital_library/shinsai/data/mapview.html?map=2
(114)杉山英男『地震と木造住宅』丸善、１９９６年、全３６６頁
(115)佐野利器・谷口忠『耐震構造汎論』岩波全書、１９３４年、全１７６頁
(116)日本建築学会『近代日本建築学発達史』丸善、１９７２年、全２１９８頁
(117)大橋雄二『日本建築構造基準変遷史』日本建築センター出版部、１９９３年、全３１８頁
(118)田邊平学『耐震建築問答』丸善、１９３３年、全６９５頁

(119) 武村雅之『地震と防災――〝揺れ〟の解明から耐震設計まで』中公新書、2008年、全236頁
(120) 文科庁文化財保護部長通知「文化財建造物等の地震時における安全性の確保について」1996年
(121) 武村雅之・北原糸子『関東大震災――1923年、東京は被災地だった』消防博物館、1950年、全111頁
(122) 気象庁「日本付近で発生した主な被害地震(平成8年以降)」http://www.data.jma.go.jp/svd/eqev/data/higai/higai1996-new.html#higai1996
(123) 諸井孝文・武村雅之「1995年兵庫県南部地震による気象庁震度と住家全壊率の関係」『地震』第2輯52巻、1999年、11-24頁

［著者紹介］
武村雅之（たけむら・まさゆき）
1952年生まれ。東北大学大学院博士課程修了（理学博士）。小堀鐸二研究所副所長、内閣府中央防災会議専門委員会委員、歴史地震研究会会長などを経て、名古屋大学減災連携研究センター・エネルギー防災寄附研究部門教授（現在、同・客員教授）。おもな著書に『復興百年誌—石碑が語る関東大震災』（鹿島出版会）、『地震と防災—“揺れ”の解明から耐震設計まで』（中公新書）、『関東大震災を歩く—現代に生きる災害の記憶』（吉川弘文館）ほか、多数。おもな受賞に日本地震学会論文賞、日本地震工学会功績賞、日本建築学会著作賞、文部科学大臣表彰など。

装幀／三矢千穂

カバー図版／
・吉田初三郎『関東震災全地域鳥瞰図絵』大正13（1924）年
・博物館明治村に移築された帝国ホテル中央玄関

減災《げんさい》と復興《ふっこう》　明治村《めいじむら》が語《かた》る関東大震災《かんとうだいしんさい》

2018年9月15日　第1刷発行　（定価はカバーに表示してあります）

著　者　　武村 雅之

発行者　　山口 章

発行所　名古屋市中区大須1丁目16番29号
電話 052-218-7808　FAX052-218-7709
http://www.fubaisha.com/
風媒社

乱丁・落丁本はお取り替えいたします。　＊印刷・製本／シナノパブリッシングプレス
ISBN978-4-8331-1125-6

松岡敬二編著

古地図で楽しむ三河

地図から立ち上がる三河の原風景と、その変遷のドラマを追ってみよう。地域ごとの大地の記録や、古文書、古地図、古絵図に描かれている情報を読み取ることで、忘れがちであった過去から現在への時空の旅に誘う。

一六〇〇円＋税

安部順一

東海の産業遺産を歩く

どうして東海のものづくりは強いのか。東海三県に残る工場やダム、鉄道、建造物など、幕末・明治から大正、昭和（戦前）にかけての産業遺産を訪ね歩き、その原点を探る。ものづくりへのほとばしる情熱を追体験しよう。

一六〇〇円＋税

井上善博

名古屋絵はがき物語

二十世紀のニューメディアは何を伝えたか

いざ、紙片の宇宙へ。近代都市名古屋のパノラマ風景、名古屋初のデパートメントストアー、アメリカ人曲芸飛行士の名古屋城上空大飛行、ドイツ人俘虜作品展覧会……、絵葉書の裏に秘められた近代名古屋。

一八〇〇円＋税